教师成长系列

名师工程

做一名幸福的音乐教师

阳海蓉/著

西南大学出版社
国家一级出版社 全国百佳图书出版单位

图书在版编目(CIP)数据

做一名幸福的音乐教师 / 阳海蓉著. -- 重庆 : 西南师范大学出版社, 2021.5

ISBN 978-7-5697-0197-5

Ⅰ. ①做… Ⅱ. ①阳… Ⅲ. ①音乐课—教学研究—小学 Ⅳ. ①G623.712

中国版本图书馆 CIP 数据核字(2020)第 137740 号

做一名幸福的音乐教师

阳海蓉 著

责任编辑:符华婷
责任校对:罗　渝
封面设计:闰江文化
责任照排:贝　岚
出版发行:西南大学出版社(原西南师范大学出版社)
　　地址:重庆市北碚区天生路2号
　　邮编:400715　市场营销部电话:023-68868624
经　　销:新华书店
印　　刷:重庆华林天美印务有限公司
成品尺寸:170mm×240mm
印　　张:12.25
字　　数:245千字
版　　次:2021年5月　第1版
印　　次:2025年1月　第5次印刷
书　　号:ISBN 978-7-5697-0197-5
定　　价:48.00元

序　一

音乐课堂或许真的比音乐厅还要重要，德智体美劳全面发展的人才培养需要实实在在的课堂来实现，健康与充满活力的音乐种子需要音乐课堂来播撒。特别是中小学音乐课堂，更是为孩子一生的美育发展奠基的重要场所。音乐教师太重要，音乐常规课太重要！这本书我乐意为之作序便是基于作者对常规音乐课的重视、研究和思考，这样的音乐教师值得我们尊重、学习和推介。

我曾宣称：理论只有当它能够作用于音乐实践时，才是有价值的。那种永远不实际运用音乐理论的研究，如果不是虚假的，也是僵死的。我也常发问：到底是音乐实践创造了音乐理论，还是音乐理论指导了音乐实践？不管怎样，实践永远是理论的生命之树，理论是实践的生长之根。这本书记录的基本是实践的实事，但从这些实践案例里，又可看出案例背后理论的支撑，读阳海蓉老师的这本书，对从事理论研究者来说也是深有启发的：躬耕在课堂上的老师们在思考什么？探究什么？改进什么？困惑什么……学术的生长和发展空间只有在实践中去探索才会得以"生长"和"发展"，这些实践，有的需要自己动手操作，有的则需观察分析。

好的教育在细节，好的教师一定会关注细节。

此书记载最多的是教育的细节，最值得品读的也是这些细节。比如教师如何候课？如何脱离传统的备课方式备课？如何厘清京剧在教材中的布局？如何关注课堂上学生歌唱的表情？甚至包括如何整理教室？如何调整课堂座椅与讲台的远近？……这些工作阳海蓉老师都一一记录于书里。

记得我曾说过这样一段话："如果问在我们的诸多学科中，音乐教育的特殊性是什么，那么我要说，当许多学科要我们更多地去了解外部世界时，音乐首先让我们感受自己:我的心情,现在怎样?音乐更多的是关注我们自己,关注主体的人!”因此,我们要以美育人,以文化人。在本书发现了学生诗意的“乐评”,很是开心。可以推测,在未来的日子里,这些学生一定不会忘记小学音乐课堂留给他们的美好,留给他们内心的深切触动。也许,对他们今后如何富有诗意地创造自己的生活,都是一笔财富。

音乐教育的改革不是全盘引进、东施效颦,而是了解和掌握其经验与规律,有选择地运用于教育实践。这种运用绝不是照抄照搬,而是要根据我国国情,有创造性地融合,更重要的是通过对别人的学习来认识自己,认识自己的音乐文化传统和音乐教育制度,从自身的文化历史中去汲取养分,确立自己的根基和体系。很高兴的是从阳海蓉老师的这本书中看到了这样的思考,比如第三章、四章、五章中就列举了用中国民歌、童谣、儿歌等进行即兴编创活动的案例。

音乐教育是音乐文化与社会之间最重要的流通领域,中宣部王世明副部长在参与“首届华夏乐府论坛”中以“乐要上位、乐要有魂、乐要生根、乐要融入”为题,强调了“乐”在传统文化教育中的重要性。我国的中小学音乐课堂不就是最好的“华夏乐府”吗?音乐教师就是乐府最好的主持人、传播者,我们期待更多像阳海蓉老师一样有思想能作为的音乐教师去营造温润的课堂,传播华夏优秀的音乐艺术文化。

优秀的教师自己就是一本“书”,这样的“书”朴实、生动,也最耐读!读这样的“书”,有的通过课堂,有的通过演讲,作者把自己和盘托出并用文字留下史证让更多人阅读品评,这是勇者和智者,更有坦荡和自信。

是为序!

谢嘉幸

2020年12月

谢嘉幸:中国音乐学院教授,博士生导师。中国音乐教育家、美学家。

序　二

阳海蓉老师的专著就要出版了，让我写几句话，心中很是惶然。

我是一个五音不全的门外汉，怎么能向大家推荐一本有关音乐教学的书！

“五音不全”是一位音乐教师给我定的“刑”！

记得小学时买过样本戏的唱本，《红灯记》《沙家浜》《智取威虎山》里面有歌谱，放学后就时不时翻开学着唱几句。虽然小学时没有音乐教师教谱子，却也借这些样本戏的唱本自学旋律、节奏等一些音乐知识。我并不是爱好音乐，主要是那年代太缺书看了！

到了初中时，有了专门教音乐的教师，我们都喜欢他。有天在他办公室唱歌，他让我们一人唱一首，我唱完，他一句“你五音不全！”让我闭上了嘴巴。后来，哪怕是中学、大学时集体的合唱，我也是找借口躲避。

提出分享式教育教学后，实践的学科由最初的数学扩展到了所有学段的不同学科，其间不时有音乐教师鼓励我，拉我进他们的课堂，让我看课指导。阳海蓉教师便是其中的一位。

对于音乐教学，我实在不知道应当如何教。但阳海蓉教师欣赏我说的“一般人怎么学就让孩子怎么学”，她欣赏我提出的分享式教育教学的理念。如此，我便观察听她的理解，看她在课中如何落实。

我印象中的音乐教师是很累的。一节课要不停地一句接一句地教唱，与数学、语文教师相比，我感到他们更累。语文、数学还有练习课、测评课，可以偷点儿闲，而音乐课却难得一点儿停歇。问题是，教师如此“卖命”地教，学生是否“买账”？这样的教学压抑着学生好分享的天性，掩盖着太多的问题。好在阳海蓉老师的课让我看到了印象中不一样的音乐课堂:课上教师话语不多,也没有一句句地教唱,学生用身体和嗓音自由表达听到的音乐,用自己编创的节奏参与音乐,富有激情地分享自己理解的音乐……

原来音乐课可以如此美,也可以如此轻松和幸福。正如她的书名所说,音乐教师也可以变得幸福。

当然,教师的幸福是与教师的学习努力、敬业创新、学生成长相关联的,敬业才会乐教,乐教才会敬业,敬业与乐教孰先孰后,我们不去分清,但幸福的教师一定是教学中怀着一颗爱心,欣赏学生每一点儿成长的。

翻开阳海蓉老师的书,如同解开一份如何才能做幸福教师的密码。教学的各个环节如何做才能与"幸福"相连,阳海蓉老师在书中给出了她三十多年来的思考和总结。特别是当我看到阳海蓉老师竟然用了一个单元专门写候课时,不禁肃然起敬。

候课,在阳海蓉老师这里,不是学校的硬性要求,是教师的自觉。

还没上课,阳海蓉老师便"微笑着站立等候学生的到来"。这是一幅这样的图景:孩子们嬉闹着跑向音乐室,一到门口,看到阳海蓉老师微笑着等候他们的到来,孩子立马停住嬉闹,安静愉快地坐到座位上,微笑着望着阳海蓉老师,然后课堂开始。这样的图景是美的,是甜的,是醉人的,让她不幸福都难!

我认为不会笑的教师不要当教师,笑的背后是对孩子的爱。教育是要倾情的,没有情的教师最好离开教室,有了情,才有教育,也才有幸福,这应当是阳海蓉老师给我们的最重要的启示。

教师的幸福是看到学生的成长,而学生的成长需要给他信心。慎说学生"五音不全",要找准学生前行路上遇到的困难,帮助他们克服困难,因为人是在克服困难中走出困境的。

有的教师不敢面对学生的困难和问题,而阳海蓉老师敢于面对、暴露学生在学习中的不足,然后去发现真问题,有针对性地施教。比如书中"结缘分享式教学",阳海蓉老师就描写她实践探索的一节课:在学生练习几分钟后,学生自信满满以为自己都会了,可一听,第一个附点节奏就错了,接着后面的所有节奏都是错的。不是教师的“让位”,我们看不到学生的问题。如果只是传统的领唱教唱,我们还会自认为一切安好,没有事了。正是阳海蓉老师课堂上的“让位”和大胆的实践,暴露了原本教学中的不足:原来课中的问题竟然有那么多的看不到!发现了学生的真问题,才有了下一步精准施教的基础。

看得到问题,看得到问题的解决,也就看得见学生的成长,自然也就能享受到作为教师的一份幸福。这一节课的教学过程和课后的反思,阳海蓉都详细地记录在这本书中,这是她给我们一线教师的又一礼物,相信会让更多教师受到启发,让更多的教师“品尝”到教师职业的幸福。

任景业
2020年12月

任景业:分享式教育教学理论倡导者;《义务教育教科书·数学》(北师大版)编委;曾任全国初中课改联盟秘书长;北京大学“国培”教学专家组组长;山东省茌平县实验中学、杜郎口中学业务校长;国内十余所大学、院校“国培”特邀培训专家。

前言

教师的神圣职责是点亮生命的灯火，学生的以及自己的！

——于漪

有人说，音乐教师天天与音乐做伴，课堂上又唱又跳，真幸福！

做一个幸福的音乐教师其实不简单，需要教师拥有良好的艺术修养、文化底蕴、哲学思辨的头脑；需要教学的艺术和对教育事业的衷心热爱；更需要教师的智慧以及对教育事业的坚守与自律。

通往幸福之路主要在课堂，在每一节课堂，在每一次用心实践和体验的过程。爱每一个学生，敬畏每一节音乐课。

匈牙利著名音乐教育家佐尔坦·柯达伊说过这样一段话：

“一名小瓦尔道的音乐教师远比布达佩斯歌剧院院长重要。一位院长只有可能失败一次，而一名教师教三十年书，如果教得不好，就会扼杀掉三十代人对音乐的热爱。”

喜欢这段文字，因为它醍醐灌顶，能让你随时保持清醒的头脑，促使自己不敢不用心，不敢不思考，不敢不学习，不敢不进步，不敢懈怠每一节音乐课，不敢轻视课堂上每一个学生会心的微笑或者发呆的表情。

本书共六章。第一章“那些不得不说的事儿”记录的是关于如何备课、候课、评价以及课堂上一些应该关注的事儿，那些不得不说的事儿看似是小事，但这些"小事"却不小，它就像流淌在你骨子里的血液，只有血液通畅无垢，身体才健康，只有把那些小事处理好了，课堂才有生命力。第二章"我读教学的'食材'"记录的是如何使用教材、整合教材的一些思考和做法。第三章"关于班级合唱"是自己近二十年一直在探索的一个课题，此课题至今一直未结题，也不愿结题，其原因是有太多值得继续研究并且没弄明白的东西。虽然学生的合唱已多次在各级活动中获奖，甚至走上国际舞台，得到同行以及专家的认可，但那毕竟是小部分人的优秀，班级合唱值得研究的东西很多，在我心里，对它的研究永远不会终结，永远在路上。第四章"走着唱"和第五章"玩着学"是自己工作多年的教学习惯，也是自认为比较满意的一部分，但因自己理论修养有限，记录的仅是零星的一些做法和课后的一些思考。第六章"漫话'讲'"是关于教师与学生课堂角色转变的一些话题，课堂上教师如何讲，如何聪明地不讲，这是自己一生都还需要追寻的智慧。

一直欣赏"智慧"二字，智慧是看不见摸不着但却能感受到的东西，就像一个人的气质，说一个人气质真好，能用准确的词语说出好在哪吗？很难。我们可以说这个人说话轻言细语很温婉，衣着整洁朴实很亲切，走路自然洒脱有个性，但怎样有个性，怎样温婉和亲切却不好细致描述。智慧也如是，它是镶嵌在人骨子里的灵气，体现在每一件所为的大事小事中，可感知，但不便细微评说。通往智慧的路是漫长的，也许，用一生去体验也仅获得些许的感悟，不过，体验智慧的过程却是充实和幸福的，有智慧相伴的人生，注定不庸俗。

这本书记载的，算是自己体验教学智慧的心路历程，我很珍惜，因为这里记录的不仅是一名普通音乐教师的工作和思想，更是对教育的一份尊重和热爱。因为尊重和热爱，因而内心是快乐和幸福的，愿每一位音乐教师都能享受音乐教育带给自己的幸福，因为只有教师幸福了，学生们才会真正幸福。

因此,我把自己三十年来教学所思、所做整理成书,以此和同行分享。也许分享的内容对大家来说借鉴价值并不大,但它可以是一面镜子,从镜中思考、摒弃或者吸收,这样,也许可以少走些弯路。正如德国哲学家雅思贝尔斯所说:“教育就是一棵树摇动一棵树,一朵云推动一朵云,一个灵魂唤醒另一个灵魂。”

对三十年工作做一梳理,也算是一次心灵的大扫除,这个过程很幸福,也很辛苦,很多次想放弃,让我坚持下来的是我的那些可爱的学生们,他们在课堂上给了我许多感动,许多创新思维的场景促使我不得不去记录和思考,这些记录和思考,又让我坚定了完成这次整理的决心。

前行的路是漫长而深远的,愿和同行们一同携手,幸福守望小学音乐课堂这块沃土。

阳海蓉

2020年12月

目 录

第一章

那些不得不说的事儿

第二章

我读教学的“食材”

第三章

关于班级合唱

第四章

走着唱

第五章

玩着学

第六章

漫话“讲”

第一章　那些不得不说的事儿

那些不得不说的事儿，大多是小事，但这些小事却不小，它就像流淌在骨子里的血液，只有血液通畅无垢，身体才健康，只有把那些小事处理好了，课堂才有生命力。

第一节　关于备课

1.备课前先读点东西

备课前我喜欢先读书看报，读与教育教学相关的一小段文章，或者一篇杂文、诗歌、散文。有时身边没新的东西可读，就读自己写的笔记，现在上网方便了，有时还会看一点儿自己收藏的文章，阅读时间不长，但已养成习惯，就这样阅读、思考，然后再翻开教材开始备课。

也许你会说：看其他的书报，有时间备课吗？我会说：有啊，看其他的书报这也是备课！备的是思想与理念的课，只有思想与理念领先，行为才能跟随。

备课如果只是阅读教材，写写教学程序，备注教学重难点，标记教材内容或课时安排，这不算真正意义上的备课，真正好的备课我认为是先阅读和思考，然后把阅读和思考后的所得，结合教材与学生的实际情况先教师自己进行一次思想上的对话，想想下节课我要做什么、为什么这样做、可以从哪些方面做、用什么方式做，然后才是深思熟虑后的文字记录，即所谓的“备课”。

课前读书，哪怕读一段、一个章节都行，读出心得，读出与教育教学有关的结合点，读出自己的理解与感悟，读出与下一节课相连接的点，然后再去思考这节课具体怎么上，这时，你关注的一定不仅仅是教材本身，你设计的每一个环节背后的理念会更有说服力，你的“教”也会更自信。

课前读书也是一种智慧，读得好才会有启发，有顿悟。读蕴藏教育教学新信息与新理念的书、读开阔教育视野的书……把握好读书的度。因为在学校、在上班时间，特别是在上课前，读一些不合时宜的书那就适得其反了。

当然，这里所说的课前阅读，只是拓展教师备课思维的一种方式，课前短时阅读能让教师从书籍中汲取营养，让教师的思维不局限在教材范围、局部的知识范围，会让教与学更具灵性。

2. 让演唱、演奏、聆听代替备课的那支笔

音乐是具有很强的感染力的，不管舒缓与紧张、悠扬与激昂都能震撼心灵，可为什么我们的音乐课很多时候却并不受学生喜欢？我们也常为下一节又是音乐课而犯愁？

音乐虽具有感染力，可很多时候，教师自己都没有进入音乐，没有受到感染，内心麻木，无动于衷，带进课堂的音乐又怎会打动学生？音乐的魅力是无穷的，教师要让自己首先走进音乐。特别是欣赏课，如果教师的心中没有音乐，教学时需要盯着教材照本宣科，学生是非常不喜欢的。当你脱离教材富有感情地为学生范唱，当你随口哼唱出音乐的主题旋律，当你在钢琴上娴熟流畅地弹出乐曲，你会发现，学生眼里流露的是欣赏、欢喜，甚至崇拜。自然，他们会从心里走近你，十分愉悦地走进音乐。

因此，音乐教师备课，请先放下手中的笔，到音乐教室去，去聆听音乐、去演奏乐器、去用身体动作体验、去放声（或轻声）歌唱……千万别坐在办公室一支笔、一本教参便完成备课任务。

音乐教师备课的关键：在聆听、演唱、实践体验上下功夫，要通过反复演唱或聆听，让音乐先在自己心中丰满起来，让自己感动。这些感动有时来自一个乐句的强弱变化；一段旋律的起伏；一个音符长短的改变。哪怕最熟悉的音乐，在反复吟唱与听辨中，每次都会有不同的体验，会有一句、一段音乐不知不觉感动你。把最感动的那部分作为教学的切入口，紧紧围绕层层展开，你会发现，原来教与学是如此幸福和快乐。

备课时多唱唱歌曲，多听听乐曲，实践一下自己编创的节奏或游戏活动，一定会不断有新的发现，这些新发现，便是开启课堂教学的金钥匙。

记得一次上《迷人的火塘》一课，合唱教学显得十分困难，特别是最后两小节的合唱，学生总唱不到和谐的音律节点上。于是，课后再次反复唱歌词、唱旋律，反复体验歌曲到底难在哪。就在自己的反复演唱中，发现问题所在了。歌曲中最后两乐句音高完全相同，演唱起来感觉也差不多，但节奏的强弱与前后进入的时间却是有小小差异的，正因这小小差异，声部间的强弱便有了变化，于是，在新歌教学前先提出这个难点让学生来比较演唱，然后再完整演唱作品，通

过细微的处理,教学轻松了许多。

课堂教学是否有趣且高效,学生是否乐学,与教学突破口找得是否准确有很大关系,因此备课时多唱唱歌曲,多听听旋律,会更容易找到教与学的切入口。

3.用心品读教材

备课包括的内容是宽泛的,比如收集信息、钻研教材、了解学生、考虑教学思路和教法等,最后才是形成教案。这几个方面如果认真分析,就会发现,只有写的教案是显性的备课,其他方面其实都是隐性的,但显性的备课如果离开了隐性备课的支撑,写出的教案以及所上的课一定是没有多大价值的。

那就说说一次与钻研教材不足有关的故事吧。

有一首歌曲叫《大鹿》,这是学生比较喜欢唱、教师也比较喜欢选择在公开课上展示的一课内容,记得刚参加工作的第一年上公开课我就选择了这首作品。为什么选择,记得有两个理由:一是歌曲好听,学生可能会喜欢;二是可以在学生会唱后加上一些表演形式,如大鹿与小兔的对唱,再自制个小房子让大鹿与小兔进行互动,如学生可以到小房子里扮演大鹿,小兔也可以找到躲藏的目标等,这样一来,课堂就热闹了,效果一定会不错。

还记得那时的情景,争先恐后到房子里扮大鹿,房子外扮演小兔的学生很激动,整节课可谓十分热闹,歌声也很响亮,参与面绝对是全部,并且课堂上学生完全热情高涨,因为孩子喜欢玩嘛,学生在道具房子里进进出出,好一派欢快的景象。

那时学校就我一个音乐教师,课后请听课教师提提建议,他们异口同声地说:“不错呀,你看学生多喜欢,学生的声音多洪亮,参与面多广!”

可到了夜晚,静静躺在床上却怎样也睡不着,不是因为教师的夸奖,而是隐隐感觉到哪里不对劲,比如:学生的歌声虽然响亮,可为什么不好听,而且音还不准。虽然学生都参与进去了,可那些游戏与音乐又有多大关系呢?如果说学习音乐,特别是学唱一首歌曲学生只能粗略地会唱,一节课只是学生欢喜热闹,算是有意义的音乐教学吗?如果不是,那么,这些问题又出在哪里呢?

现在想来,其实问题就出在教师对教材品读的不足上。

这的确是学生喜欢听也喜欢唱的一首歌曲,但要唱好这首歌,教师对教材的把握一定不能仅仅停留在表演上,一定要把握好教材的三个重要环节:一是歌词节奏的变化所导致的情绪的变化，如大鹿站在房子里的平静，以及见到小兔匆匆而来的惊讶和佩服小兔的勇敢，小兔被猎人追赶时的着急与惊慌等，因情节的变化，其节奏也是有变化的，因此在演唱歌曲时，其力度、速度也随之发生变化。如果没有这样的理解，教师就不会去引导学生用不同的力度、速度表现歌曲，那么，就可想其演唱效果了。

二是要把握整首歌曲规整的节奏特点，如“X X X X | X X X”的节奏型在歌曲中的反复出现。仔细分析作品，会发现这首歌曲很有意思，几个乐句的歌曲，其完全相同的节奏型就出现了五次，还有三个乐句是此节奏的改变，如第四乐句的十六分节奏 X XX 在歌曲中所呈现出的微妙情感。如果从节奏入手，避免脱离音乐特色的纯粹表演，关注音乐，抓住细节，教学一定更具音乐味。

三是歌曲中小二度音高（$\dot{1}$—7）、小三度（2—4）的音准问题。唱准音，应是这节课教学的重点，也是难点之一，因为对二年级的孩子来说，要唱好小二度、小三度的音还真有一定难度，如何才能让学生唱准，这就需要教师动动脑了，方法是多样的，如何设计学生乐学又有效的教学方法，就是教师课前应思考的问题。有了这样的分析，教师就会从不同的角度设计不同的教学活动，教学就不会停留在肤浅的表演上，深入进去，学生的音准、音色、节奏便会准确，动听的歌声才会涓涓流出。

常看到音乐教师为学生歌声不动听而气馁，甚至大动干戈拍得钢琴啪啪响，高声训斥学生不懂情感，或者“和颜悦色”地诱导着：“你们要有感情啊，要带着表情演唱，看谁是带着表情歌唱的……”不管教师怎样施压、怎样训斥、怎样用语言“引诱”，学生的歌声仍那样平淡，那样没有韵味。为什么？因为教师没有准确地把握住教材，抓不住教学重难点，对教材理解不到位，自然会偏离音乐进行教学设计，没有紧扣音乐学科特色的教法，学生怎会有真情的涌动？没有真情，何来动听的歌声？

学生的有口无心不是他们的本意，他们也希望自己的歌声动听，但如果课前教师缺乏对教材的准确把握，课堂上自然不会有恰当准确的引导，学生走不进歌曲意境，歌声自然会失去色彩。因为无理解的不断反复唱，只会增加审美疲劳，不着音乐边际的游戏活动，只能徒增课堂的浮躁。

4.备课前先读读自己的课后记

课前预设,我们常犯一个错误,那就是只管自己要讲什么,很少思考学生的实际状况,甚至包括教学进度已到哪有时都是糊涂的(特别是同年级任教班级多的情况下)。因此,预设常脱离学生本体,导致有时课前设计一箩筐(指学习内容太多),应该了解的知识板书一排排,而课堂上根本用不上。也有的班级本已学习的内容却反复学,该学的内容却又遗漏等,以致学生失去学习的兴趣。有时为了赶进度,也会不管学生掌握情况如何,只管"给了"就走,长此以往,也许个别优秀学生会有一些收获,大多数学生是茫然不知的,时间久了,堆积的问题便多起来,问题多了,教学就会变得困难。

每一节音乐课要落实,落实才会有向上的叠升,"实"是一个很有价值的字,要"实",就要对自己任教的每个班学生有准确的了解,知道他们哪些内容已掌握;哪些内容还有待继续学习或增强;哪些是需要学习的新东西;哪些内容他们掌握起来有困难;哪些内容需要用两三节课时间完成;哪些内容可以只用一课时便可完成;等等。各个班级学生能力参差不齐,有些看起来比较简单的教学内容,有的班一节课便可完成,有些班可能要用两三节课时间完成,唯有了解学生,明确每节课该干什么,课前预设才有效。了解的最好办法,就是备课前先读读自己上一节课的课后记,看看哪些是学生已掌握的,哪些方面的内容还有待加强,哪些内容还有哪些班级未学习,哪些内容哪些班级已学等。

为什么备课前要读自己的课后记,因为一个专职音乐教师一般至少担任六个班级以上的音乐课,再好的记性也难免遗漏一些重要的东西,因此,每天上完课,在备课本上最好记录下各个班级的学习进度以及学习的情况,方便下次备课所需。这样,教师备课目标才会明确,才不会犯"上了的课再上,没讲的内容遗忘"的低级错误。对各班教学情况有准确的了解,组织的教学内容才会为学生所实用。设计的教法与学法才会有针对性。

5.备好开学第一课

每学期开学,教师一定要先备好开学的第一课,这一课,就是讲好四个字:静、听、看、说。

"静"。学生进到教室要安静,欣赏音乐、教师讲话、同学发言要静听。特别是进到教室要安静,这是很重要的一点要求,音乐课学生进音乐室如果做不到"静",那么,尽快进入音乐就会成为一句空话。唯有先"静",才会让音乐进入内心。

“听”。这里的听，指的是如何聆听。如同学发言，或教师讲话，聆听的同学要用眼睛看着发言的同学和教师，待同学或教师讲完，意见相同的点头或鼓掌示意，意见不同的马上提出自己的意见，不能别人发言自己不动脑筋或做其他的事。

“看”。指的是学生回答问题或提出问题，眼睛不是看教师，而是看同学，或同学所指的内容，用心看，不是表面看。因为学习是学生自己的事，不是给教师答案，因此不用回答教师，教师只是帮护者、协调者，是首席，而不是权威。

“说”。指如何正确、准确表达。如果不和学生探讨课堂上如何说话，如何回答问题、提出问题，学生表达常常会不到位。如教师问：根据音乐的变化，你觉得音乐有几个乐句？学生会直接说“两个”或“三个”，便完了。回答问题可以先这样说“我来回答”，然后再说回答的内容。听别人回答问题若有不同意见，应该先说“我有不同意见”或者“我和他的想法不一样”，“我有不同观点”或“我反对”等，然后再讲自己的想法。如果前面同学对提出的问题已经说对了一些，需要补充，可以先说：“我有补充”或者“我还有补充”等，然后再说补充的内容。

另外这里的“说”，还指谁说的问题，为了让所有学生都能参与其中，最好多分几个小组让学生自己来学习，因此，说，就不是一个人说了算，要尽可能地让组内的每个人都有说的机会，小组内人人说，尽量把每一个学生的积极性都调动起来。

这四个字是帮助学生建立良好学习习惯的规则，学生学习习惯好，教学就成功了一半。但习惯的养成不是一朝一夕的，因此每学期开学第一课，可以先讲好这四个字，教师讲，也让学生讲，不断强化、理解、运用。坚持下去，就成习惯了。

6.备课，有时就是虚心求教

多年前市里的一次教研活动，有一个人留给我很深的印象，那次活动，这位教师不是上课教师，也不是点评嘉宾，就是一位普普通通刚参加工作不久的小青年，听他说自己才工作一年呢，别人发言时，他认真做着笔记，不时举手提问，专注的神情让人感动不已，记不得他的名字，但好学的模样是记在心上了。

三年后，因为工作原因到了他任教的那所学校，因为都是音乐教师，校长自然就把他叫来一起，校长很惜才，一路上讲的都是这位音乐教师如何优秀，说他年轻有为，工作得力，好学上进，读了很多书，写了很多文章，很爱学生，现在已是学校德育主任了，学校最年轻的管理者。听到这些，想起那次教研活动，于是联想到一点，那就是音乐教师需要善于思考和喜爱学习，要有主动请教，乐于学习的精神。

为什么说备课有时就是虚心求教？

身边有经验的优秀教师不乏其人，同学科的教师也好，不同学科的教师也好，都是我们学习的资源，备课的资源。上课前多去听听他们的课，看看他们是如何运用教材，如何把教学内容通过有效的方法和学生进行高效连接；多问一问某些方面自己无法解决的问题，多看看他们如何管理课堂，如何和一些比较难管理的学生沟通等。特别是刚入职的教师更应如此，就从模仿那些优秀教师的课开始，先模仿，再反思改进，这样的成长会快许多。

要想让自己教得轻松，学生学得轻松，师生有教与学的幸福感，就一定要虚心请教，主动求教，这也是备课不可低估的重要环节，多走进他人的课堂，多听他人的良好建议，自己才可以备出高质量的课。

一个人的成功与否，往往与悟性高低有关，悟性的高低，往往又与是否愿听真话、会听他人话、会观课、会思考和实践有关。能听到真话才能看清自己，不至于糊涂。他人的点评，不经意的一句话能激起一个人的灵感，有助于找到解决问题的答案。总是关上自己课堂的大门，也不愿意走进他人课堂的教师是很难备出高质量的课的。

有一句话叫"旁观者清"，我们去看课（听课），会看到他人的优秀，也会看到他人的不足，只有从中比较，才能找到更好地解决问题的办法。因此，音乐教师要多花一点儿时间去听课，也要勇敢打开自己的课堂，不要担心学校领导或教师来听课，他们走进你的课堂，说明机会来了，虚心请教吧，请他们不仅说优点，也要说问题，这才是一个聪明的人。一个成天把自己关在自己的世界不愿请教、担心请教，不屑请教的教师，他的成长道路一定是艰难的。

7.备好教师自身的课

《后汉书·第五伦传》记载："其身不正，虽令不行，以身教者从，以言教者讼。"可见用行动教育人远胜于用语言来说教。由此，教师的备课一定别忘备好教师自身的课。教师自身素养高，品行好，文化底蕴丰厚，富有爱心与责任心，并把自身的魅力付诸行动去感染学生，这样的教育才是真正好的教育。因此，备好教师自身的这一课，让备课事半功倍。

备好教师自身的课，除了知识的储备、人格的修养、对文本的个性解读等，如下这些小细节的规范，更是应备的内容：

☆学生到，教师已在课堂，不让学生等教师。

☆认真做好课前准备，铃声响，正式上课。

☆每节课设计的游戏活动不少于一个，课堂上教师精讲少讲，让学生多体验。

☆学会等待和反思，别看见学生不守纪律便罚学生站到讲台前或教室后面去，更别把学生叫出教室，实在不用心的学生让他站着也别超过一分钟，多反思为什么学生不愿听，是否有教师自己的原因。

☆每次家长会计划十分钟左右的话题和家长交流，哪怕通过班级信息平台交流也行。

☆自己不能解决的问题及时查阅资料或请教其他教师，课堂上绝不出现知识上的错误。

☆养成每天教学结束后写课后记的习惯，记录班级进度，教学得失。

☆每个单元结束，坚持写一篇课后记，给自己找一个优点，最好能发现一个问题。

☆每天至少读800字以上有关教育教学的文章，用笔(或电脑)记录关键的文字。

作为一名音乐教师，不仅要做教学的能手，更要做有自我约束能力的人，管好了自己，才能用行动说话，课堂也才会回报更多的幸福和快乐。

8.汲取集体备课的智慧

备课如果能变成集体的事，变成大家共享、共鸣的事，一定会更具智慧的魔力。

关于备课组活动，有音乐教师常感无奈，认为其有形式而无质量，没多大意思，完全可以取消。究其缘由，有人说是音乐教师教学的年段不同，因此不可能有共同探讨的话题，说这完全是走形式，最好省去。

也难怪，音乐教师们不像语、数教师一样能拿着同样的教材，翻开同样的课，研究同样的内容，因为一般学校的音乐课为了音乐教师便于备课，或者其他考虑，基本是按年级分配的，一个音乐教师担任一个年级或几个年级的音乐课教学，因此，备课组活动如果研究教材，因为不是自己现任教的内容，积极主动性难免会不高，如果不研究教材，又难深入进去。

要解决大家能共同来研究同一课题同一教材的问题，有一个办法是可以采用的，那就是学校在安排课时每个年级安排2~3个音乐教师共同承担，不要一个年级一个教师承担，这样音乐教师们便可以共同探讨“如何具体运用教材”的问题了，但如果仅仅是为了便于教材的研究做这样调整，倒也觉得没多大价值。

其实要做好备课活动，还是有很多思路可探索的。

一是做主题式分享，刺激教师有目的地进行课堂研究。备课组在初期提出主题，分享具体内容。内容根据各年级具体情况确定，也可根据学校音乐教学工作的总体情况确定。确定了分享主题相当于确定了研究课题，比如，刚进入一年级的学生，如何帮助他们建立课堂规则，形成良好学习习惯，因此，任教一年级的教师备课组活动的主题分享话题就可以确定为“如何建立音乐课堂教学规则”；进入小学六年级，学生开始进入青春期，课堂上的学生们开始不愿主动交流和参与，因此，六年级音乐教师的主题分享话题就可以确定为“如何让青春期的孩子乐于表达”等。如果整个学校的音乐课过于沉寂，教学还停留在教师一言堂的现状，那就可以思考如何调动学生积极主动性的策略了，具体方法太多，不便一一列举。分享主题确立，教师们就可以通过课堂教学实践探索了，有了实践与探索，备课组活动时的分享也就不会偏离主题，也就有话可说了。

二是研究具体课例，实现举一反三。备课组活动绝不能只是侃侃而谈的语言交流，更多应指向具体的操练。除了交流各自实践的做法，分享各自的收获与遗憾，还应就具体的课例进行研究，以达到举一反三的目的。比如一首欣赏曲大家一起来聆听，一首歌曲大家一起来演唱，在反复演唱或聆听中思考：如果自己就是学生，会对哪部分内容感兴趣。会喜欢怎样的学习方式？最易学会的是哪部分？比较难的又是哪个地方？根据教材可以设计什么样的活动让学生主动参与进来等等。大家各自发表意见，集思广益，从而举一反三，把所学的分析教材方法、教法运用到自己的课堂教学中去。

三是资源共享，共同进步。每位教师都是一份独有的资源宝库，他们因各自看待问题的方式不同、生活环境不同、接触到的资源不同而各有千秋，特别是年轻人，他们思维活跃，接触新鲜事物敏锐，对国内外流行音乐的了解与接触更胜于年长一些的教师，当然，经验丰富的老教师也是宝贵的财富，因此，备课组活动充分调动每位教师的积极性，让他们知无不言，言无不尽，这样的备课组活动也是难能可贵的资源共享。不过，共享资源不是凭空而谈，而是不仅谈，还要提供自己了解的具体资源，比如自己喜欢或了解的教学（讲座）视频、音乐，以及与音乐教育教学相关的其他视频等。这就要靠备课组长的智慧了，比如可以有目的地安排教师收集素材，每学期每位教师至少提供两个以上自己觉得满意的视频或其他可视资源，教师分享时要介绍为什么提供，它的可借鉴价值在哪里等。因为要提供分享的资源，音乐教师们自然要去学习关注，要去甄别选择，这样的活动其实已是一种学习了。

四是观课、议课，比较提升。所有的研究，最终还是要落实到课堂才是具体的。因此，备课组活动还可以开展观课、议课活动，比如，选择一节大家认为比较难上的课，开展一次同课异构，在操作形式上可以是人人上课的方式，也可以是说课的方式。在内容的选择上，可以选择同一首完整的歌曲或乐曲，还可以选择一首歌、乐曲中的一个乐句、一段旋律来进行教学实践。大家来议，大家来说，听他人的建议，说自己的所思，对教师课堂的成长自然也是一种推动。

当然，方法还有很多。

因此，音乐备课组活动还是不能省，大家在一起研讨，总会碰撞出一些智慧的火花，古语说“三人行必有我师”，一起研究，总比一个人思考好。

不得不说的是，学校备课组活动质量的高低与备课组长的能力也是息息相关的，组长是组内的领头人，他的教育思想、工作态度、信息来源、奉献精神、课堂教学质量等直接影响组内教师的成长，因此，选好组长，培养好组长，给予组长更多学习、锻炼、提升的平台也尤为重要。

第二节　说说候课

1.培养学生安静候课的习惯

学生安静走进音乐教室，然后静静聆听音乐准备上课，这是多么温馨的画面。学生候课，我想这样更好！因为那些看似有序地排着队走进教室或者听着音乐蹦蹦跳跳进教室的热闹场面，其实是不真实也无意义的。学生们的内心情感不真实，不是他们真心想要的动作。整齐划一的要求，从某种角度上讲还是对学生创新思维的禁锢。安安静静走进教室，安安静静地聆听，看似平静，但每个人的内心却可激情飞扬，自由遐想，对外呈现的是一种美好的气质，也是一种文明，一束阳光，一份踏实。

安静走进教室，静静地聆听音乐，对于后面的学习很重要，为什么说很重要？因为它好比一台戏的开幕，如果开幕前没有主题音乐做铺垫，没有序曲引领，拉开帷幕便开始表演，估计观众需要一点儿时间来适应，要用一点儿时间才能明白是怎么回事。安静走进教室，安静地聆听，就是引领学生走进教室便走进音乐，让他们尽快把课间游玩激动的心情平静下来，收心最简单的办法就是静下来听音乐。

学生如果能一走进音乐室便安静下来，有修养地坐到自己的位置上或者根据自己进音乐教室的先后随意坐到喜欢的位置上，然后，开始音乐课，教学一定更有趣，效率也更高。

这是理想和梦想吗？不是，这个小细节是完全可以实现的，只要教师用心坚持，比如，可以把安静候课作为一条规则来执行，这个规则如何细化、落实可以和学生共同商讨确定，如：轻轻走、静静坐、悄悄问、用心听。解释为：①有话要说请在进教室前说完，如果进到教室还有事需要和同学交流，可以悄悄出教室处理好后再进教室；②不随意调整桌凳，不让桌凳发出响声；③静静聆听音乐、自由想象，让情感参与进去……有了规则，教师就要随时观察学生的行为了，做到言必行，行必果，及时给予鼓励与评价，陪他们慢慢养成好的习惯。

2.微笑地站立等候学生的到来

微笑地站立等候学生到来。为什么强调微笑和站着？微笑地站着等候，这是一种气质和礼貌，是对他人尊敬的外化表现。如果学生走进教室看到的是跷着二郎腿坐在钢琴旁心不在焉、低着头弄自己的事，或者大声打着电话目中无人的教师形象，学生会是怎样一种反应呢？学生能尽快进入到学习状态中来吗？

早到教室还有个好处，那就是学生会在教师的督导下自觉规范自己的言行，会尽快进入音乐的情景。如果教师晚于学生到，学生好的习惯又没养成，那开始上课是需要一点儿时间进行磨合的，这样的磨合包括对学生习惯的规范，包括师生进入音乐的心境调试等。

学生走进音乐教室，音乐教师早已等候在教室了，这情景容易让人感动。

1993年在成都听著名指挥家严良堃先生的课，至今还记忆犹新，那时他已是70多岁高龄的长者，并且刚做胆囊手术不久，但每次上课，他总先于我们等在教室，当我们走进教室看到他，内心就十分踏实，他的人品让我们敬重、感动。

提前候课，让学生进到教室便能看到我们，这是一幅温馨的画面，是师生间相互的尊重，也是教师爱自己，爱自己所从事职业的体现。试想，如果自己家里有客人要来，是提前做好准备等着他们，还是自己干自己的事，客人到了主人才姗姗而来？显然后者是不符合人之常情的，音乐教师也一样，站在门口或者讲台，微笑着等候学生到来，这是一种文化。

3.规整教学器材与学习资源

候课还有一项重要的工作，就是把课前准备好的教学器材或者其他资源再次整理、调整和选择，尽可能高效率地给学生提供优质的学习资源。

资源丰富，更能高瞻远瞩。见得多了，听得多了，用得多了，一个人的内心世界自然会更加丰富，见识也更为广阔。资源及时利用，课堂自然也会更加高效。但音乐课有其特殊性，比如班级多和每个班级的学生情况有别，也许这个班级的学生所用器材(包括无固定音高乐器或者有固定音高乐器、音碟、教材、视频、图片等)另一个班级并不需要，因为他们还没有进入这个环节或者已学了此环节内容。或者，上一节课是给六年级某班学生授课，下节课是给一年级某班学生授课，因此，候课时教师就要及时调整，规范摆放器材及其他学习资源，做好课堂所需的充分准备。

这些看似并不复杂的准备，有时却决定着这节课的质量和效率。比如这节课需要铃鼓，而面前放的却是上节课用的三角铁；下节课需要的是非洲鼓，面前放的却是上节课用的中国鼓；或者，这节课只需要一个双响筒，但找遍了乐器箱却都没有。

记得10多年前，那时还没有固定音乐教室以及电子白板、电脑之类的现代化设备，只有一台收录机和课堂教学用的几张音碟，上课时教师和学生一起抬着风琴一间间教室走。有次正好有外校教师来听课，第一节课是五年级的课，第二节是三年级的课，教师们来时正好是第二节课时间。对于常规课，自己还是比较有自信的，因为那节课的预设是演唱歌曲《嘀哩嘀哩》，在唱好的基础上做一些拓展聆听，让学生通过情感参与感受乐之美，春之美，自然之美。因此课前准备了格里格的作品《致春天》和门德尔松的作品《春之歌》，准备让学生做拓展欣赏，可铃声响了才发现准备好的音碟忘在办公室了，此时去拿因距离较远时间太长，不拿来又觉不甘，自己课前的计划便无法理想实施。虽然那节课还算正常，但候课时准备得不充分却让自己内心总感遗憾，上课也有些分心，学生自然也是没那么投入。虽然课堂可以自由、可以灵动、可以不受任何物质条件的干扰，但应该准备的东西没到位，总是会让教学留一些遗憾。

因此，候课时，规整本节课教学素材，收捡好不需之物，把所需物品放在伸手便可得的位置，你会发现，教学更为舒适。

4.在合适的时间做恰当的事

候课不但包括物质和心理的准备，还包括时间与事件的合理搭配，做好候课，这也是一门学问。

我们常见到这样一些场景：上课铃响了，教师还在低头弄音响，或者发学习用书、找器材、批评进教室吵闹的学生……好几分钟过去了，才开始进入音乐学习。一上课，学生又开始躁动了，一节课下来，音不准，词不达意，节奏混乱，师生郁闷不欢是常有的事，这是否与候课有关呢，显然是有的。

加拿大一个学者曾做过这样一个试验：把毫不关联的词放在一起，比如鲜花、手链、音乐、课本、杯子、悲伤、喜悦、话筒等，请被试按顺序记忆，然后让他们回忆，想到哪个词就说出哪个词，结果，最先看到的单词和最后的单词记忆成绩最好，中间部分最差……

这一实验告诉我们，学习内容因时间点不同，其学习效果是不一样的。因此，课堂教学一定要把最重要的内容放在课堂的开头，不要上课铃响后还在做候课该准备好的工作。

5.候课还可以这样做

候课，除了前面提到的几个方面，还可以在以下方面做文章：

交谈。上课前和学生交谈，对每周只在一个班上两节音乐课的教师来说尤为重要。交谈的内容可以是学生对所学知识的掌握情况，对教师教学的意见，对教材的评价，对学习的愿望以及喜欢或不喜欢的作品，教学方式等等。交谈最好是师生之间的，当然，根据情况也可以是学生与学生之间的。通过交谈，教师可以了解教学的成败得失，学生的兴趣爱好，有利于改进教学。同时它还可以联络师生感情，缩短教师与学生之间的心理距离，形成和谐融洽的师生关系。

欣赏音乐。音乐课前放一些不同风格题材的音乐，让学生在无拘无束的状态下欣赏，使其尽快进入音乐情景。课前欣赏音乐可以营造一种音乐的氛围，开阔学生的音乐视野，增长学生的音乐知识，养成欣赏的良好习惯，提高学生的音乐素养。同时也是收心的一种手段，走到教室就听到音乐，学生自然不会再打闹说话，当然，静赏音乐是需要教师一定的帮助或者暗示的。欣赏的内容可以是最近所学内容，也可以是教材以外的内容，最好选一些中外名曲、经典作品。

活动。活动是指让学生在音乐声中随着音乐自由活动。如跟着音乐轻声哼唱、随音乐行走、律动等，也可以跟随教师参与体验。学生在活动中提前进入上课状态，为正式上课做好情绪上的准备。

教师候课有学问，候课的时间虽然只有短短的几分钟，但只要善于充分利用，持之以恒，对教师和学生来说都是一笔不小的“财富”。

第三节　营造温润的教室

1.温润的教室，有时就是窗台的一尘不染

美的东西总会让人产生心灵的愉悦，当我们走进音乐教室，看到的是洁净，是淡雅中融合着的一些小小的艺术气息，听到的是柔和的乐音，你会有一种回到家的温馨，心不浮躁，静心而待，这就是音乐与环境带给人的魅力。

因此，音乐教师要养成常整理教室的习惯，走到窗户边，窗台没有一丝灰尘，走上讲台，桌面摆放有序，音响设备没有蒙上一丝粉尘，打开琴盖，黑白键上没有污垢，轻轻弹下，音乐如流水涓涓流淌……

这些美好，不要把它全部交给学生去完成，哪怕是座椅位置的变化，窗户上花草的更换，教室的扫除，音乐教师都应用心参与，把它看成教学的一部分不去忽略它。

但说到美化，一些音乐教室内常挂满音乐家画像，或者几条长长的无线谱铺满教室的四周，舞蹈的、唱歌的、读谱知识的绘图在教室内随处可见。走进音乐教室，如同进入五彩的世界，让人眼花缭乱。听着音乐，有时会情不自禁被教室内五彩的颜色吸引，唱着歌，有时也会不知不觉被黑板前的画面吸引。为了让学生能静心走进音乐，建议音乐教室的布置还是简朴为好，实用为好，铺上地毯或者木板，或者什么都不用，就是干净的瓷砖，学生席地而坐，这就是一种美好。干净、整洁，桌凳摆放有序并且适合音乐课需要，简单的打击乐器放在学生可取的位置，黑板上的五线谱和音阶图不高不低，学生随时可以在线谱上摆放出音高等等，这就是一种温馨，一种简单的美。

有了整洁的教室，音乐教师就要爱它，因为每天会有不同班级的学生来上课，学生流动大，每天的卫生清理，每节课后坐凳的归位，教室内各种乐器的摆放等等，这些都是需要音乐教师用心的。

音乐教室是享受美、体验美的地方，教室干净整洁了，心里也会亮堂，用心去整理，你会享受它带给你的美与愉悦（图1-1）。

图1-1

2.温润的教室，有时就是讲台与学生座椅的远近

曾在一个不属于自己教学的班上课，站在讲台前和学生对话总感觉不舒服，好像学生离自己好远，板书完走到学生中去，似乎要走好几步，站在讲台前大声说吧，吃力！小声一点儿吧，学生似乎听不清。就这样来来回回走上走下累得够呛。不仅如此，这样大幅度的动作影响到学生的思维与注意力了，学生专注度明显下降，教学效果不甚理想。课后用脚量了量，大概板书完，从黑板要大步走四步左右才能走到学生座位面前，前面这么宽的位置是留给学生探究合作用的还是原本就这样？这样远距离地望讲台，远距离地和学生对话，学生会不会也有不舒服的感觉呢？

课后和任课教师交流后，就学生的座位、钢琴、黑板的距离做了些调整，第二节课上课，我问教师感觉怎样，教师说，感觉与学生的距离近了，教学好像轻松了不少呢。

当然，教学环境不仅有物理环境，还有心理环境。物理环境包括自然环境、教学设施、时空环境(时间、座位编排、班级规模)等。心理环境包括对学生的爱、尊重、理解、信任、期待、态度等。物理环境对心理环境的影响是不可小觑的,有时一个小小物理环境的改变便可拉近心灵之间的距离,影响一个人对另一事物的看法。比如美国学者戴克曼和雷斯就研究发现:自我意识水平低的学生总是选择教室中更为保险的座位(如后面或靠边),因为他们不愿意参加教学活动,缺乏自信心。如果总是让学生的座位远离教师的钢琴或讲台,教师总是不愿走下讲台,不愿走到学生中去,与学生"遥相对应",课堂教学不仅会更累,教学效果也会不尽如人意。

调整座位,让师生保持舒适的学习距离,这种看似无关紧要的小细节却蕴含着大智慧,因为舒适的距离不仅是物理层面上的舒适,更是心与心之间的舒适。

3.温润的教室,有时就是教室里教师的身影

温润的教室,有时更需要人的浸润,整洁的教室里传出的悠扬琴声,嘹亮的歌声……哪怕没有学生,教室一定也是有温度的。

因此,音乐教师还是多待在音乐教室为好(当然是在有音乐专用教室的情况下),为什么这么讲,先说音乐教室的卫生。每天音乐教师会为多个班的学生上课,学生一走,随手扔点垃圾或者不自觉地掉点不用的废纸、手工制作品这些是难免的。遇到下雨天,孩子们带进的泥土也会留在他们所坐的位置旁,每节课下课后有时间让学生来打扫吗?比较难!音乐课后十分钟是给学生为下节课做必要准备的,比如整理书包文具、拿出下节课上课的用具与教材,再活动一下身体,上个厕所,还有多少时间可以来帮助教师整理教室?并且,这节音乐课结束,下节课的学生又来了,哪有时间来做卫生呢?因此,音乐教室的卫生基本还是教师自己在做,多待在音乐教室,才有更多的时间来整理桌凳,清理卫生,确保学生每次到来都能用到整洁清新的教室,整洁的桌凳,洁净的窗台。

音乐学科有别于其他学科的显著特点就是要唱、要弹、要跳、要聆听……因为音乐是音响的艺术,如果坐在办公室,这些体验能完成吗?有点难!如果音乐办公室里的人再多点,大家坐到一起了,再说个家长里短(这是每个人难免的)课前时间很快没了,哪有时间去唱唱要教的歌曲,听听要欣赏的乐曲。因此,音乐教师多待在音乐教室,可以反复吟唱准备教学的歌曲,有可能会在反复中找到教学的突破口。反复聆听要欣赏的乐曲,有可能会被原本认为很简单或

太复杂的音乐感动,找到最能打动自己的乐段,让教学更具针对性。多待在音乐教室,弹弹琴,抚弄一下打击乐器,思考怎样板书,想想电子白板怎样用更适合学生——是先给学生视频内容还是先聆听演唱(再观看后做比较);这个打击乐器适用于这首乐曲吗;什么样的节奏更适合学生现有的水平呢;然后自己演奏一下,实践实践,再把课堂需要的器材摆在合适的位置;把音响打开到合适的音量;把钢琴上的灰尘擦一擦;把教材备好……不知不觉中,这些小思考、小实践、小动作,会营造出温馨的课堂,成就你教育的梦想。

4.温润的教室,有时就体现在开课的一句问好

上课问好也有学问,我们别小看这一环节,做好了,学生思维会灵活,做得不好,学生思维会禁锢,有时候,上课一句问好,也能让教室温润起来。

记得有一年,一位国内享有盛名的专家到校讲学,他给四年级学生上了一节语文课,上课问好这一环节学生表现出的不灵巧,至今记忆犹新。

这个班上课时师生问好的习惯是这样的:教师先用英语说"上课",然后学生用英语向教师说"早上好(或下午好)",然后是教师用英语回答"谢谢",并请坐下(因为当时学校的一大特色是英语教学,因此要求师生平时多一些英语交流)。这个习惯经过四年的练习,已成了机械的一个行动。但新来的这位教师不知道,于是见学生到齐后,便对学生用中文微笑着招呼"同学们好!"学生倒也灵敏,虽然没站起来,但马上礼貌回应:"教师好",教师对自己做了简单介绍后,亲切幽默地征询学生"那我们开始上课?"听到"上课"二字,只听值周同学就像听到号令一样马上响亮地大喊"Stand up(起立)",于是全班同学都整齐地站了起来,教师在惊讶的同时也很感动,于是开心地说:"同学们好!"但这时学生却并没用中文回答"教师好"或者"谢谢教师",而是开启了旧有的模式,大声用英语回答"Good morning(早上好)",教师也许觉得有必要试探一下学生的随机应变,继续说"很高兴见到大家!"学生继续用那套定型的模式语言回答"Good morning(早上好)",当教师再次说"谢谢同学们"时,学生终于不好意思再用这一固定语言回答了。有同学开始轻声而尴尬地回答"谢谢教师",其他同学面面相觑,听课教师哈哈大笑。

对学生思维习惯的培养蕴藏在教育的每一个环节,作为教师,我们不可忽视。别小看上课的一句问好,它蕴含着师生之情感,课堂之智慧。

那么,音乐课的上课问好可以在哪些方面做文章呢?

第一可用节奏问好，如：

师：同学们好！

生：$\frac{2}{4}$ X　X | X X　X | X　X· | X　X· |

　　拍手　拍手　拍手 拍手　拍手　老　师　你　好！

学生不但要说得准确，最好能看懂这个问好的节奏，中高年级还可以写写这个节奏，比如，每次问好后，时不时抽学生把问好的节奏在黑板上板书出来，渐渐的，四分节奏、八分节奏、附点节奏、切分节奏在不自觉中浸润到学生心里。特别是向教师问好的附点节奏（同时也是切分节奏）在低年级可以不告诉这是附点，或者这是切分节奏，但可以引领他们在“师”和“好”字上做比较，感受节奏的变化。

节奏问好方式除了教师给出固定节奏外，还可以用节奏问答的方式自由问好，如，教师不用语言表达，而是用节奏问答。

如学了切分节奏，教师拍击“XX XX | X　X | X X X | X　0 ‖”学生则根据教师的节奏自由回答，可以模仿教师拍击的节奏，也可以用自己理解的节奏回应，如：

师：$\frac{2}{4}$ XX XX | X　X | X X X | X　0 ‖

生：$\frac{2}{4}$ X X X | XX XX | X　0 ‖

这个节奏是课堂上一个学生即兴回答的，当时我问他：“你说的是什么，能告诉大家吗？”

他说：“X X X | XX XX | X　0 ‖”

　　我 喜　欢　这节 音乐　课。

学生拍的节奏与说的词意吻合，当时大家都为他鼓掌。

节奏问好拍击的方式可多样，如拍手、拍腿、拍肩、拍手臂、跺脚等都可以，只要学生觉得自己的节奏流畅就行，不求统一，不求完美，但在这一活动中，师生感受到的不仅有音乐，更有内心的愉悦。

第二可用旋律问好。

旋律问好似乎用得比较普遍，有的甚至一句问好一用就是几年，甚至小学六年时间，比如下面这句问好你熟悉吗，用了多久呢？

$\frac{2}{4}$ 1 2 3 4 | 5 – | i̇ 5· | 3 1· | 5 4 3 2 | 1 – ‖

（师）同 学 们 好！　（生）你 好　你 好　老 师 你 好！

如果长期这样问好，慢慢就成机械动作，没有意思了，学生会变得心不在焉，从培养学生的创新思维能力来说也是不妥的，那怎么办呢？其实办法挺多，举一例：

教师即兴唱一句旋律，学生模仿教师的演唱，不过，结束音要变，怎么变，由学生自己定，如：

师：$\frac{2}{4}$ 6 5 | 3 5 i̇ 6 | 5 3 | 5 – |　生：6 5 | 3 5 i̇ 6 | 5 3 | （ ）– |

或者

师：$\frac{2}{4}$ 6 5 | 3 5 | 6 3 | 5 – |　生：6 5 | 3 5 | 6 3 | （ ）– |

…………

这样的游戏玩多了，学生对乐句、结束句的稳定感都会有更好的感知。但这样的问好方式不宜复杂，越简单越好，越有趣味越好。

除了旋律问好、节奏问好，还可以选择歌曲中的一些片段进行问好。比如三年级学了歌曲《顽皮的杜鹃》，下一节上课的问好就可以用唱词接龙的方式来代替常用的问好方式了。如教师唱“当我走在草地上”，学生接唱“咕咕！”，师唱“听见杜鹃在歌唱”，学生接“咕咕！”教师说，“真好，很高兴见到你们，希望这节课你们的歌声如杜鹃的歌声一样美”，然后开始上课。

上课问好的形式只是外在的表象，真正的动机是以此增进师生感情，同时培养学生灵动的思维和聆听、专注的习惯，而不是机械无情感的一句“教师好！”或“同学好！”，或者六年不变的一句唱腔：“同学们好！”，“教师您好！”。

抓住上课问好这个小环节，也能让教室更温润，因为，温润的教室，有时就是教师与学生音乐问好的暖人瞬间。

第四节　也说教学评价

1.评价,有时就是课堂上的一句话

课堂上,有时教师充满智慧的一句评价语便是学生学习动力的一剂营养液。

如笛子独奏《荫中鸟》,这是一首带再现式的三段体结构音乐作品,第一部分通过吹奏技巧的巧妙运用,通过句幅递减和衍生展开,渲染出一幅喧闹、热烈的场面,第二部分笛子运用特有的技巧模仿各种鸟叫,鸣叫声惟妙惟肖,速度稍慢。第三部分是第一部分的再现,速度又回到开始部分。为了让学生对音乐结构有一个初步的感知,便于更深入学习,开课时便可以引领学生通过聆听、比较的方式去感受乐段,如下(实录):

师:今天,我们一起来欣赏一首乐曲,如果听到音乐发生变化,你可以举手示意一下。看看你是否能听出音乐有几个乐段。

音乐结束,一学生站起来:教师,我听到后面部分音乐的速度发生变化了,这首乐曲应该是两个乐段。

师:欣赏你的勇气,敢于第一个站起来表达自己的观点,能说说你的想法吗?

生:我根据速度来分的,第一部分……

师:从音乐角度来回答问题很好,速度的变化的确能让音乐情绪也发生改变,这也是分析乐段不错的一种思考方式。

另一个学生站起来:我不同意他的意见,这首乐曲应该是三部分,如果从速度分的话,更容易分辨,第一部分是稍快的,第二部分速度稍慢,第三部分速度又回到了开始的速度,并且旋律似乎和第一部分有些相似,因此是三部分。

师:你有自己独立的见解,很好,欣赏你独立思考的习惯。

另一个学生马上站起来了:老师,我同意他说的,应该是三部分,不过我是从旋律的变化来分的,第三部分和第一部分的旋律有相似的地方,第二部分音乐发生了变化,这应该是我们前面提到过的再现式的表现手法……(掌声)

师:(问学生)为什么给他鼓掌?

学生纷纷站起来说理由……

师：嗯，看来老师该给大家鼓掌了，你们说得很有道理，那我们再听听，看看和你们所言是否一致……

第一个学生的发言并不正确，教师没有批评，也没有直接说出答案，而是通过赞赏“敢于第一个回答”，鼓励“从音乐角度思考”来给予合理评价，这样的评价不仅是给这个学生的，也是给所有学生的。通过这个评价，鼓励更多的学生参与到活动中来，启发学生从音乐角度去思考问题。正因有了这样的评价，才会有后面学生积极地参与。

当第二个学生回答正确，教师也没有用“对了”“正确”“你真棒”之类的简单评价语，而是赞赏他有“独立的见解”，不人云亦云，这既是对这个学生的评价，也是对全体学生的暗示。

课堂评价并非一次检测，它体现在教学的各个环节，不用分数论高低，不用肯定、否定的语言下结论，它应是智慧的引领。

有了激励的评价，教学才会具有推动力，教师智慧的评价语是教学过程的营养剂，有营养的评价才会滋养有生命力的课堂。

2.同桌可以是好“考官”

关于评价，其实同桌就可以是对方的“好考官”，比如技能检测中的歌唱检测就可以让同桌来评价。这样做有两个好处：一是同桌间或小组内平时学习时会更加关注对方，帮助对方，避免了平时学习各自为政、互不关心、互不相帮的问题。二是避免了教师的一言堂。期末检测也好，平时检测也好，常常是教师说了算，学生唱首歌，教师给分或评价语，一般还不公开。音乐教师教学班级多，学生多，因此常常一次检测的分数并不能真正代表学生的真实水平，也不一定有针对性，因此，让同桌评价，教师会了解更真实的学生情况，对教学更有帮助。

同桌评价不是随意评，不是凭感觉或情绪以及对同学的爱憎来凭空讲，分数也不可随意给。

要做好这一点，教师的引领就至关重要了。比如评什么，分数怎么区分，给分扣分的理由是什么等，参与评价的学生要明白、清楚。

评价他人，也考验评价者的水平。因此，评价前，教师要先和学生探讨评价标准，即到底评什么，从哪些方面评。同时也是告诉所有的学生，平时的课堂就应如此去思考和学习。

比如关于歌唱与读谱的检测，评价应包括这些内容：是否用到所学方法；歌唱音高、节奏是否准确；歌唱是否自然；音色是否圆润；是否富有情感；等等。

如果用等级或分数来评定，学生怎样做呢？

优秀：用到了平时所学歌唱方法；音准、节奏准确；演唱流畅；富有情感。

良好：用到了平时所学歌唱方法；演唱基本准确；较为流畅。

合格：基本用到了平时所学歌唱方法；演唱基本准确。

不合格：以上都不能做到。

评价中的第一条是否"用到了平时所学歌唱方法"，是对学生平时学习情况的检测，因为只要平时的课堂用心学，音准节奏稍差一些，也是可以合格的。这是一个导向，即学习贵在过程，只要学生平时的学习是认真的，就值得鼓励。

同桌当自己的考官，让学生彼此来评价，这也是一次相互的学习和分享过程，这样的检测，远比教师一人说了算更有意义。

3.回放课堂自我评价

有评价，教学才会具有推动力，评价方式多样，不可一概而论。有时，通过回放视频看看课堂上真实的自己，也是很好的评价方式。这时候不需语言，也不需分数，他们也会发现自己的问题，看到自己的优缺点，在内心给自己准确的评价。

学生在课堂上的表现，教师看在眼里，但学生自己不一定知道，比如：歌唱时姿势是否正确；活动时是否参与且是否主动；课堂上的发言是否人云亦云无自己的主见；是否同学发言时自己却在做其他事；是否唱歌跑调；是否表达音乐羞涩；是否回答问题错误……这些在教师眼里有问题的地方，也许却是学生自以为很满足的地方呢，正如我们常讲的，当局者迷，旁观者清！

怎样让学生清楚地知道自己的问题，看到自己的优点，真正关注到自己，看到自己真实的一面，以便更好地改进自己呢？回放课堂，就是不错的选择。

随着时代的发展，现代科技越来越发达，录制学生的学习过程只需一个手机就可以解决问题。展示内容包括优点与不足、即兴创新的过程或成果等。将视频传入电脑，及时播放给他们看，一个小小的回放，远比说教有效多了。这种回放课堂式的自我评价方式学生很感兴趣。

评价除了教师的评价、同学的评价，还包括自我评价。自我评价更具有实效性。回放课堂看自己，就是对自我最好的评价。

4.试卷也能检测学情

对学习情况进行评价，绕不开的另一种方式便是问答式，口头问答是一个方面，书面问答更是常用的手段。我国恢复高考制度的四十多年，选拔人才最公平的方式便是一年一度的高考，一张试卷看学生的综合能力。

有教师说音乐学科千万不可搞试卷检测式评价，这会背离音乐学科的本质，通过试题检测，完全失去音乐学科特色了！

我们来看看这些检测试题，你还会这样说吗？

例：聆听，判断这首歌曲是几拍子的？

A.四二拍　　B.四三拍　　C.四四拍　　D.八六拍

检测学生对拍号是否理解，可不是仅能说得出名称，知道其拍号的强弱规律那么简单，对拍号名称与强弱说得再清楚，也抵不过用耳朵聆听出来更有价值。音乐原本就不是用语言来描述的，而是用耳朵、用心去感知。因此，检测学生对拍号是否掌握，仅说出某某拍号名称与强弱规律这样脱离音乐学科特色的简单检测，显然是不行的，但如果通过聆听来判断，你还能说不行吗？说用试卷检测不可行的是自己内心理念不行，自我变通能力不行。可行，是因为可以从学科的角度去思考问题，从音乐的视角去解决问题。

例：聆听，判断这段音乐表达了怎样的情绪？

A.悲伤　　B.热烈　　C.庄严　　D.抒情

音乐是情感的艺术，学生能对音乐情绪做出合理的解答，这是听懂音乐最基本的一环，音乐学习是体验性的学习，是不可离开音响凭空想象的学习，因此，理解音乐情绪，也是要通过聆听来实现的。

例：请听一段音乐，判断最后两小节的旋律是哪一条？

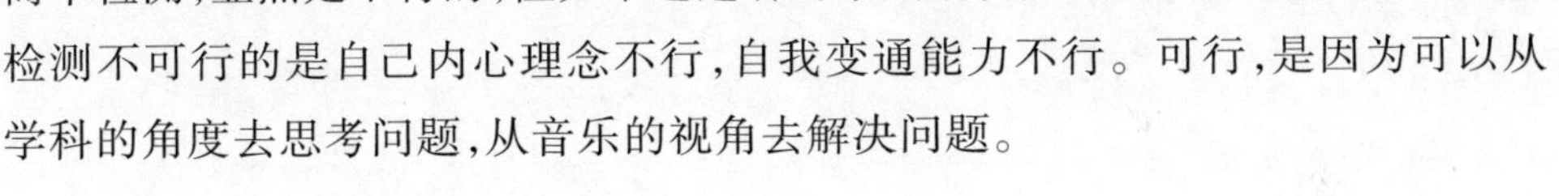

A. 2· 3 2 1 | 2 – ‖　　B. 2· 3 2· 5 | 2 – ‖

C. 2· 5 3· 2 | 1 – ‖　　D. 2 3 2 1 | 2 – ‖

评价学生的读谱能力，让学生来视唱一段旋律是最好的办法，例题看似没有现场学生的演唱，但通过试卷他们听正确了，这不就是最好的视唱吗！只有学生节奏准确，有一定音高概念，他们才会演唱正确，也才会回答正确。

例：聆听《木偶的步态舞》片段，判断这段音乐的旋律进行最适合用下面哪幅图来表示？

A. 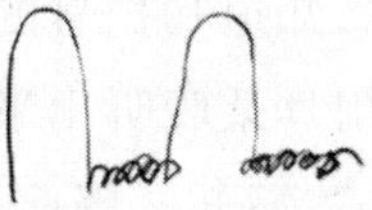

B. 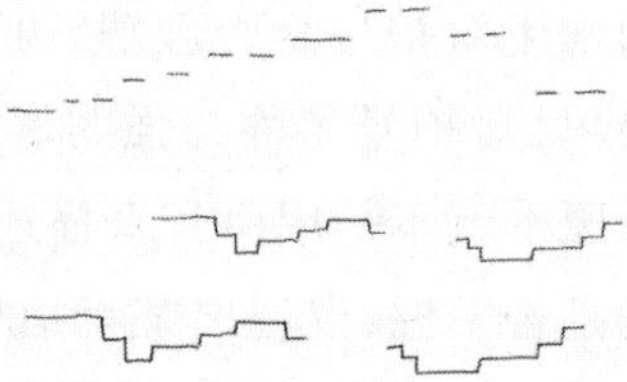

C. 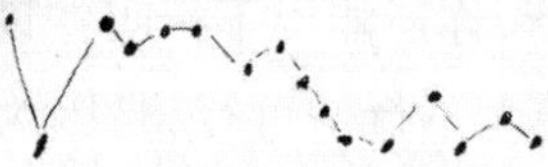

D. 

有人把音乐比作流动的建筑，这个比喻很有意思。是的，音乐艺术也是可以用另一种方式把它记录下来的，比如图谱、色彩、形体等。选择合适的图谱，检测的是学生对旋律音高变化的把握，对作品形象的把握。音乐是否走进学生心里，学生是否有一定的歌唱与欣赏能力不是一句空话。通过图谱，可以看到学生是否听清楚、听明白。

通过试卷检测的形式还有很多，不是音乐学科就不可以用试卷来检测，试卷问答只是把口述变成笔试而已，这样的检测比口头回答更节约时间，更能统一标准，更能快捷地发现教学中存在的问题，以便找到今后解决问题的办法。

第五节　课堂上的那些小事儿

1.别做有口无心的道别者

下课铃声响了,师生道别,一个学生绕过坐凳,走到教师面前说:“老师,再见!”看得出学生喜欢这节音乐课。

教师头也没抬,转过身擦黑板,边擦边回答:“再见!”

另一学生从教室后面走到教师面前,也招呼道:“老师再见!”

教师忙着收拾刚才的讲稿,说:“再见!”头一直没抬。

教师拿起教材,面带微笑朝后面听课教师走去,经过一部分还没有离开教室的学生身边,学生再次招呼:“老师再见!”这次教师没有回答,只是随意挥了一下手,意思让他们离开。

学生悻悻离去。

这是一次听课所见的真实情景,不禁沉思:我们站上讲台,面对的究竟是人还是物?公开课是讲给听课教师的吗?我们的学生在哪里?我们的眼里、心里有学生吗?

公开课如此,常规课呢?心中没有学生的课有意义吗?

为什么教师心里没有学生,这些问题想必教师们心中都有自己满意的答案,如果讨论,一定情绪高涨,各抒胸怀,我想就不必一一探讨,留给大家思考吧。

看似简单的一个道别,蕴含着教师的教育理念,彰显着教师的爱心与情怀,课堂互动一定要用心,教师心里有没有学生,通过一些细节就会显露出来。眼中没人的教育是可怕的教育,别小看这一道别细节,小细节可蕴含大智慧。

2.见错,何因不语

音乐课中一些看似不大的小细节,有时却隐藏着大问题。曾听一节音乐课,为了让学生唱准唱好其中两小节旋律,教师把这两小节旋律板书出来了,可是,却有一个音板书错了,并且这个音是第一个音,本来是低音的sol,教师忘标记低音点了,因此成了中音的sol。

视唱中,没有一个学生指出问题,关键的是,学生并没有按错的标记演唱,而是按书中正确的音高唱出来的,有些滑稽和好笑。这个环节用了十分钟左右时间,直到最后,都没有一个学生指出问题。

一个班级四五十个学生,没有一个学生发现吗?也许不会吧!如果没发现,又为什么按正确的音高在演唱?如果发现了,又为什么不说呢?

看似一个小细节,其实蕴含大问题。

问题一:思想被禁锢,不敢说。

相信学生是有发现的,多次的演唱,不可能没发现,但发现了,为什么不指出?也许是不敢。如果是这个原因,说明平时的课堂缺少民主,缺少师生融洽的交流,缺少和谐的教学氛围,缺少爱。是教师的一言堂或过于严苛,才让学生思想被禁锢,习惯了沉默,此时的学生才会不敢说。

问题二:课堂不民主,不想说。

明知错,懒得讲,讲了也没意思。

发现问题了,就是不想说,说明学生对教学内容缺乏热情,对教学的内容或教师是不以为然或者反感的,按自己正确方法唱就是了,这是对教学与教师无声的藐视。

问题三:知识的匮乏,不知道。

也许是真没发现问题,不知道这个音写错了,只是因为对旋律原本就熟悉,因此就那样随口而唱。如若此,说明学生的关注力不够,对内容的理解与掌握还存在问题,或者,学生根本就没认真学,心不在焉,无心关注,显然学习是低效的。

不管何种原因,都是值得教师反思的,小细节背后,常常蕴含着很有价值的研究课题,唯反思、改进,教育才会往纵深发展。

3.看着学生的眼睛歌唱

眼睛看着学生,意味着对学生的理解与尊重,是师生心与心的交流,是无声的对话,是教育的智慧。

眼睛是心灵的窗户,通过眼睛,我们能知道学生是否在认真聆听或真情歌唱,看着学生的眼睛,你会体验到师生间心灵的交汇。演唱《草原就是我的家》不妨说一句:"我从你的眼睛里看见了美丽的草原,读懂了你的喜爱。"欣赏完《雪花飞舞》,不妨告诉同学们:"我从你们的眼睛里看到了纷飞的雪花,好美!"当个别学生游离于音乐之外,精力开始分散,不妨幽默地提示:"在你的眼睛里我怎么没看到音乐?怎么了,它疲倦了吗?"看着学生的眼睛歌唱,你能读懂学生,学生也能读懂你传递的信息。

也许你会说，一个班级那么多学生，我看谁？

告诉你，看所有的学生。你的心里有学生，你的眼睛就会看到他们。不是一个，是全部。只是，眼神可能在调皮的学生那里多做些停留，对表现突出的学生那里多表现出些欣赏，当你的眼睛和他们触碰到一起，你的课堂才会有活力。也只有当你的眼神和他们的眼神有了交流，课堂才有生机。

曾看到课堂上这样的场景：一个学生也许是因为课前有些问题还没处理好，上课多时了还低着头玩手里的东西，教师多次呼唤都没回应，于是，她边指挥着学生演唱边走到那位学生身边，蹲下身子，和学生一起唱并用手拉起他的手，用眼睛示意他跟随，在教师眼神鼓励与暗示下，他终于回过神来，进入学习。

你的眼睛在哪里，那里便是你的世界，看着学生的眼睛歌唱，歌声的世界里才有师生共有的世界和情谊。

4.养成轻声伴奏的习惯

“耳朵是音乐的眼睛”，这话一点儿不假。当我们睁大眼睛看一个事物，那一定遇到了震撼你或震惊你的大事，如果微笑着甚至眯缝起眼睛看，那一定是看到美好喜欢的事物了。我们的耳朵更是敏感，如果长期听噪声、长期听高音贝，注定学生的耳朵听不到好的音乐，内心也会感受不到美。

欣赏音乐与歌唱，关键的是耳朵，音乐教师要有一双会聆听的耳朵，同时，音乐教师还要善于培养学生有一双会听音乐的耳朵。不管是学生还是教师，不会听，听不到音乐，一定学不好音乐。

因此，学生唱谱时，教师一定要轻声伴奏，决不可让钢琴的琴声淹没学生歌唱的声音，同时还要引导学生不但要听到自己的歌声，还要学会聆听伴奏的和声，这样的歌唱音才会更准，调性才会稳定，学习才会不断进步。

唱谱时的伴奏，其实是给学生一根拐杖，对于小学生来说，不用琴声帮助就能独立完成视唱的为数不多，特别是拿到一首新歌，教师如果不给音高，不给伴奏，学生还是不易唱准的。但有的教师在带领学生唱谱或唱词时，伴奏可谓十分越位，不但声音洪亮，并且两只手几乎都在弹歌唱旋律，你听到的完全就是琴声而不是学生的歌声。长期这样低质的“伴奏”，学生感受到的绝不是音乐的美，更不是帮助的力，而是噪声的干扰，从而导致学生歌唱能力越来越弱。

不管是演奏技能一流的钢琴家，还是只懂简单伴奏的普通人，只要你是音乐教师就别忘了，教师的伴奏只是为学生的演唱添彩或引路，千万别让教师的琴声掩盖了学生的歌声。特别是识读乐谱时,用和谐的和声轻声地伴奏,学生才会更用心聆听和表达,同时更容易听到自己声音是否准确,感知自己的不足。大声且不和谐的伴奏,只会增添学生内心的烦躁与不安。

当然,这里所指的“轻”是相对的,是在和谐基础之上,根据作品的表现和学生实际情况而定的。

5.多用肢体语言传递信息

“当教师累,当音乐教师更累!”这是音乐教师们常挂在口头的语言。

倒也是,试想,哪节音乐课离得开教师范唱、舞蹈、节奏体验、形体引领……每节课都是丰富的,每个环节都需要教师引导,因此,有些音乐教师常常声音沙哑,甚至有个别教师无法发声,只好离开喜欢的音乐课堂。

其实,音乐教师是可以让自己轻松下来的,让学生先学,让学生在学的过程中自己提出问题,然后由学生自己来解决问题,这就是解放教师自己最好的办法。当这些都不能解决问题的时候,教师应多用肢体语言传递信息,少用话语表达,这也是很好的解放。

因为,音乐原本就是内心深处的语言,是语言尽头的声音,我们为何还要用那么多的语言来描述,用那么强势的语言来告知?话多了,音乐就没了,适当的肢体语言,比如一个拥抱、一个微笑、一个双手微微一摊的无可奈何……就够了,课堂少讲,甚至不讲,可以试试,学生会学得更好。

音乐课上教师的肢体语言是可以将情绪传染给学生的,多一些身体语言的表达,学生能听懂,习惯了,他们还会用同样的肢体语言来回答教师,此时,课堂的音乐声会更加清晰,师生的互动也会更加有趣。

当然,肢体语言也应有度,教师不可夸大其词,哗众取宠,甚至“无病呻吟”,把握好、运用好,教学才会事半功倍。

6.善用身边小物件儿

每一节课,不可能所有教具都事无巨细地完美可得,有时候,身边的小物件儿也能成为学具,成为教具,让课堂增色。

记得六年级学生学唱歌曲《滑雪歌》,其中第一段的最后一句:“伴随我一起玩耍”中的“玩耍”二字是由半度音程的ti-do组成,在演唱时学生常把“ti”唱成“la”的音高,因此音不准。怎么办?教师发现黑板上平时玩节奏用的磁铁,于是,教师拿过磁铁,做了一个两个磁铁开放与收缩的距离摆放,然后边摆放,边和学生一起体验不同音程的音高，通过比较演唱、观看音程变化，学生很快找准了音准。

指导学生分辨乐句或乐段也是难用语言表述清楚的，唯有用身体的体验才能准确感受，最好是在参与中体验。因此，有时候身边的一些小物件儿也就成了体验乐段或乐句的学具了。

比如欣赏《森林的歌声》，怎样才能让学生体验到乐段的变化呢，我们选择了两个乐段来做比较式聆听。因是在冬天，教师发现好多学生都围有围巾，因此教师把有围巾的学生分为一组，让他们把围巾取下，拿在手上当学具。另一部分没有围巾的学生，教师把放于桌面平时用于唱音高游戏的小木棍给了他们。音乐起，教师示意拿小木棍的学生不动，认真听，然后带领手有围巾的同学一起随音乐律动。当第二段音乐起，教师示意拿围巾的学生不动，看手有小木棍的学生用动作体验，他们在运动与静止的身体运动中聆听音乐，感受不同的外在表达与内在的音乐变化，小小围巾，短短小木棍，让课堂有了活力。

在我们的课堂，其实随处都能发现一些可用的学具，比如书、文具盒、铅笔，甚至学生手上的橡皮筋，只要用心，那些小物件儿随时都能成为学习音乐的道具，成为学生探索发现音乐的工具。用好了，课堂活力无限，创新无限。

音乐教师不要总是局限于学校提供的几样打击乐，或者仅有的一台钢琴。身边的小物件儿，也是可以帮助我们的课堂富有活力的。

7.摒弃课堂从众心理

图1–2是不同学生聆听同一首乐曲画的音乐结构图，你会想到什么？

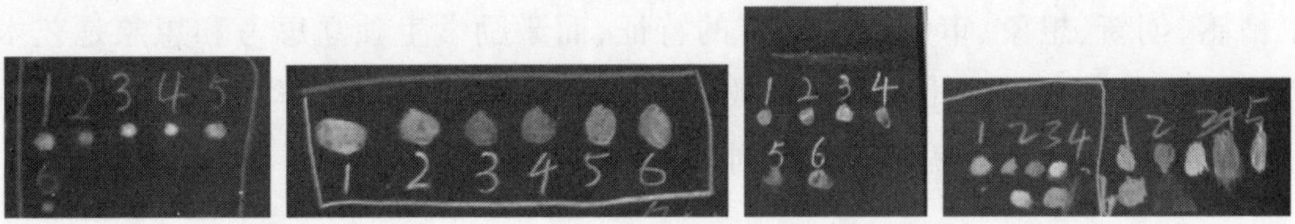

图1–2

也许你会说：喔，估计音乐是六个部分；每个部分用了不同的色彩来表达，说明每部分音乐给学生的感受是不同的，他们对音乐的理解很有个性，不错的嘛。

但如果我告诉你，他们听到的音乐根本就不是六个乐段，也不是六个乐句，更不是六句歌词，并且这是五个学生画的，你又会想到什么？

对，这的确是抄袭。

这是课堂上真实的一幕，他们一开始所画的音乐结构图并非如此，但当他们心中自认为不错的一个同学画出如上图示，他们开始窥视并擦掉自己画的图示（其实原来画得很有特色）变成了一模一样的图案。看着此场景，内心真是五味杂陈。

记得还有一次是三年级的课，欣赏乐曲《蜜蜂》，当时学生用“◎”和“[◎]”标注第一乐段和第三乐段，第二乐段用了符号“●”，这样一看（◎+●+[◎]）便知道是一首带再现曲式的作品。

接着教师问了这样一句话：“第一部分和第三部分相同吗？为什么第三段用的是‘[◎]’”？（意思是有些变化）

学生回答：“虽然音乐基本相同，但也有一些不同的地方。”同学们都赞同。

于是，教师让学生聆听第一乐段和第三乐段，希望通过比较进行赏析，但欣赏时，教师只分别播放了这两乐段的前部分，并没有全部播完，因为这两段的不同处在后部分，前部分的旋律、节奏、速度、力度、音色都完全一样，当教师问学生音乐是否相同时，学生却异口同声回答：不同！其原因是教师已经说过“不同”，因此也不敢说听到的是完全相同的音乐，在教师的多次鼓励下，学生方可大胆质疑。

为什么抄袭？仅仅只是不懂，没自信？

究其原因，从学生面上看，似乎是他们不愿思考，往深里究，是教师教育观念还有问题，如果平时不关注学生个性的培养，不激励学生说出自己的真实想法，学生就不会有独立思考、敢于质疑的习惯和能力。艺术，究其本质，它包含了情感、创新、想象、审美诸多独有的特征，而激励学生独立思考和想象是艺术教育的核心价值所在，因此，音乐教师要敏锐观察，及时制止学生在课堂上的坏习惯，让他们学会独立思考，勇于创新。

8.培养会听音乐的耳朵

音乐课最怕看到的现象是音乐在响，学生在讲，课堂就像自由市场。

海伦·凯勒说过这样一句话：“一个人想要真正深刻地鉴赏艺术，就必须训练他的眼睛。”同样，一个人要想真正走进音乐，就必须培养他们会听音乐的耳朵。

音乐教师却常身在这样的场景：不管是听歌曲范唱还是欣赏乐曲，以及同学发言，学生是很难长时间安静地听完的，一会儿的时间便开始浮躁起来，教师们常因此而烦恼。其实问题不完全在学生,因为好动是小孩的天性,无兴趣的事情让他们装作感兴趣是不可能的,他们对音乐的理解能力有限,不可能完全理解和接受音乐所表达的情感。因此,我们应帮助他们,让他们从一年级开始就养成聆听的好习惯,学习习惯不是一朝一夕的事,从一年级开始没养好,后来就难养成。

养成聆听好习惯。首先,是培养学生心里参与意识,也可以说是情感参与意识。心里参与最关键的一个环节就是要“静”,静静聆听,唯有静下来,音乐才会进入内心,思维才会展开翅膀。

其次,是身体参与,也就是要“动”。说到身体参与,就有浮现这样一些画面:说话的,笑的,打闹的,有意弄得板凳啪啪响的……也许有教师和学生会说,身体参与当然有声,自然就会影响聆听。是的,身体参与一定是有声音的,比如体态律动、声势表达,但这个声音应该是使音乐更加丰富,而不是音乐外的杂音。因此,身体参与时更要引导学生聆听,参与中听到音乐声而不是其他声响。学习音乐,首先是让音乐入耳,入耳才会入心,不可因为身体的参与,颠倒主次。

培养会听音乐的耳朵,不是一朝一夕的事情。教师在平时的教学中就要加强学生听力的训练,除了要培养他们对音乐要素的理解和辨别,更要引导他们养成会聆听的习惯,习惯用耳朵去聆听、习惯安静地聆听、习惯在身体参与中听到音乐、习惯在聆听中想象音乐。

为了培养良好聆听习惯,可设置“优秀小听众”“会用耳朵的音乐家”等奖项,激励学生聆听。

9.即兴创造不是胡编乱造

即兴创造绝不是随意编造,更不是随意地粗制滥造。

如听一首傣族风格的民歌或乐曲,即兴创编舞蹈动作,它的风格和基调不能离开傣族舞蹈的基本姿态;让学生即兴表演《我是草原小牧民》,舞蹈动作不管怎样变化,都不应离开蒙古族的舞蹈风格。

笔者曾多次经历并亲眼所见随意嫁接、不伦不类的表演。

记得一次在四年级上一节欣赏课,作品是《水乡船歌》,为了激发学生的想象与即兴编创的能力,教师选择了将音乐作品的引子部分让学生进行编创活动,他们想象丰富,表现力爆棚,让我惊讶不已。在感动的同时,却发现了一个大的问题:原本优美静谧的音乐,四个组所有的学生都选择了打击乐器,并且是人手一个，还有选择大鼓、大镲的，叽里哐啷的演奏与表演完全掩盖了音乐，让宁静的音乐有了烦躁不安的情绪。虽然表演一流，但违背音乐情绪的胡乱编造是绝对不可取的。

也曾看到这样的设计：学生演唱完歌曲《新疆是个好地方》，教师鼓励学生编创舞蹈动作来进行表现，也许是学生对新疆舞没有基础，也许是忘了这是一首新疆维吾尔族民歌，学生在动作的编创上完全没有其地域风格和特色。这样的表演，自然是有些滑稽的，但教师最后的点评却只字未提及此不足。

即兴创造形式多样，可以用舞蹈动作即兴表达；可以用形体造型表达音高；可以用身体组合表达节奏或旋律；可以编创一小段节奏或旋律丰富作品等。但不管怎样的编创，一定要与音乐风格紧密结合，符合音乐的特色，要有创意，但不能越位，更不能盲目地随意编造。

音乐教育，绝不能仅仅停留在音乐本身，还应关注音乐背后的相关文化，唯有如此，编创才不会胡编乱造。

10.关注学生演奏乐器的神情

我常调侃学生："你的内心世界，会被你的身体动作泄密！"于是，有的学生就会偷偷地笑，不知道他们笑什么，但他们一定懂了教师想表达什么。

我常拍下学生用打击乐器参与表达的照片和视频，然后放给他们看，他们看着自己的照片也常笑，因为他们从照片上发现了自己的心不在焉，也发现了因自己内心的胆怯而表现出的动作僵硬、音色难听。当然，那些用心参与的同学，其身体动作也是自然用情的，他们会听到自己演奏的乐器音色是美的。

不同的动作与表情，传递出的一定是不同的音色。学生玩打击乐也好，吹奏竖笛，演奏音条琴也罢，凡是进入课堂的乐器，学生玩起来一定要用心入情。特别是学生一开始接触打击乐，教师就要引领他们入情入景地玩，唯有这样，美的音色才会从他们身体里传递出来。

怎么才算入情入景呢，其实只需关注学生的表情就知道，面无表情、紧张兮兮、装模作样的演奏，那一定是没进入角色的，进入不了角色，演奏出来的音乐必是低质的音色。

比如吹奏竖笛，不要一开始就吹奏太复杂的旋律，先好好吹一两个音，然后把这一两个音吹得动听，自己喜欢了再吹下一个音。玩打击乐也是，不要只管敲响，要把敲击出的每一个音色变成自己内心的语言，先在心里想自己希望的音色是怎样的,然后再用乐器表达出来。教师特别要关注学生是否在用心表达。只有学生发自内心在表达了,音乐才会成为真正的音乐。因此,活动时,每一个环节速度可以慢一些,再慢一些,给学生理解体验的时间,这样,学生才会真正喜欢音乐。教师在引领学生表达时,动作可以夸张点,富有激情一些,把教师内心的情感通过动作和表情传递出来。

一个节奏就是一份情,一个音符就是一个景,小小乐器要传达内心最美的信息。如果仅仅只是能敲响,能把节奏演奏正确,能把一段乐曲吹正确,那不是音乐艺术。

学习音乐一定不要游离于音乐之外,要用心慢慢地体会、感受,直到发自内心地想表达。如果学生不管学习什么乐器都能用心入情地表现,一个细节一个细节地体会,那些看起来简单的节奏或旋律片段也是可以带给学生美的享受的。

用心入情玩乐器,你看到的是美的体态、动感的身姿、快乐的脚步、喜滋滋的笑脸;听到的是抑扬顿挫的音色,富有创新的节奏,能打动心灵的音韵,这样的学习才是有意义的。

第二章　我读教学的“食材”

音乐具有情感价值，但它需要音乐知识做支撑，二者相辅相成，缺一不可。

第一节　理清知识的脉络

1.为何要先理清知识脉络

每学期教学结束，教师常常觉得收效甚微，甚至有匆匆忙忙的“狼狈”，留下许多遗憾。似乎每节课都在赶进度，追教材，许多的学习内容于学生而言是走马观花，估计有的是“花”都没看到，他们不能随口唱出一首完整的歌曲，不能记住一首作品的主旋律。学生在教师的牵引下奔跑、劳累，收获少、趣味少。

这也不能全怪学生，三四十分钟的课要学会一首歌曲，还要记住歌词、有情感地表达；要欣赏一首乐曲，理解记住主题旋律；要创作，参与、表达、体验……对学生来说那真是难为他们啊！如果多用时间带领他们深入体验，教材内容就完成不了。于是，就这样紧锣密鼓地追赶，一抬头，期末来了！

每节课都精心设计，每个单元都用心用情备课，但教与学为什么还是会如此“狼狈”与艰难？

我们来做如下分析与探讨，便知问题症结了。

一个学期的教材一般有八个单元，每个单元一般有两首歌曲，两首欣赏曲，还有诸如器乐学习、声乐技能训练、读谱知识、创新活动等内容。

再来看看教学时间安排。小学阶段一般每周两节音乐课，每节35～40分钟，每周不耽误学习一分钟，时间为70分钟左右，一学期的教学时间大约18周，排除学校临时放假或其他活动、期末复习检测……教授新课时间也就15周左右。这样算来，15周的新课时间，要学习歌曲16首，欣赏乐曲16首，还有器乐练习、读谱知识、创新活动等，大约两节课时间要完整掌握一首歌曲和一首欣赏曲，两节课是70分钟，大概在一个小时内要完成一首歌曲的学唱和一首乐曲的赏析，另外还有诸如器乐参与等创新活动，显然，要想在这短暂的时间内把每个内容都完成得很好，达到高质量的效果，时间绝对是不够的，过程一定是很匆忙的，教学的“狼狈”与艰难，我想原因就在于此吧。

大家都知道，人的养身之道中有一点很重要，那就是“少食”，一日三餐每餐七八分饱对身体有益，暴饮暴食会伤及脾胃。学习“食材”太多，每个内容都最大限度地“喂”给学生，自然会伤及学生的“脾胃”，损害师生的精气神。

从使用的教材来看（以人民音乐出版社的音乐教材为例），读谱知识基本是隐形的，隐藏在欣赏与歌曲、编创与活动中，显性知识并不多，因此，音乐教师走上教师岗位的第一要事以及每学期开学的第一件事就是根据《课标》梳理教材，找到各个学段、各个年级、各个学期的具体知识点，并根据知识点整合教材、取舍教材，设计有趣味的活动以开展教学，这样的教与学才能落实并愉悦和轻松。

读教材为什么首先要梳理出各学段、各学期知识点（音乐要素）？

音乐要素如同一个人的骨架，没有骨架，体不成型，哪怕是中小学音乐教学，没有音乐要素（如节奏、节拍、力度、速度、旋律、调式、和声、音乐结构、音乐记号等）的支撑，教与学也是会空洞无力的。

目前，中小学音乐教育的最大一个问题不在过程与方法是否落实，不在情感态度价值观是否能激发，而是学习内容的不系统，没梯度，不深入，甚至不明确。教师只管按教材安排顺序进行歌曲学唱或者欣赏，并不理会一年级学生应该掌握哪些知识，也不理会二年级学生应该达到什么水平，只管教教材，不思考、不提炼每个年段每个学期学生应掌握的基本内容，因此教与学无法落实和推进，学生无法随着年段的增长而进步。这是造成我国现在一些中小学校音乐教育浮于表面的主要因素。抓着什么上什么，走到哪里算哪里。教学太任性、太随意，因而造成学生对音乐有兴趣但不喜欢音乐课。

热爱与喜欢音乐不是嘴上说的，更不是靠脱离音乐内在的基本结构本身就能长久保持的。只有引领学生深入进去，学生才会真切感受到艺术的美，要透过教材的“面”深入教材的“里”，教材的“里”不是口头所讲的肤浅情感与文化、不是简单的内心愉悦或悲伤，而是音乐中包含的那些细微的节奏变化、力度变化、音高变化等带给人的内心冲击。因此，了解知识点是如何分布在各年段，理解知识点是如何衔接并发展的，这是读懂教材、用活教材首先应关注的一个方面。

只有先理清楚出各学段各学期教学知识点，然后有计划地选择教材、整合教材或者补充教材进行教学，才能避免教材牵着教师鼻子走的被动。

为什么怕教材牵着教师鼻子走？估计大家都有一个习惯，教学一般按教材顺序教就是了，先学第一单元，然后是第二单元，哪个单元有要掌握的知识内容，就在哪个单元讲，哪个单元需要学唱哪首歌曲或者欣赏哪首乐曲就按先后顺序完成即可。期末回头一看，好像哪首歌曲都学了，哪首欣赏曲也听了，哪个要掌握的读谱知识也讲了，但好像学生又什么都不懂，什么都一知半解，有的甚至连前面教学的内容也忘得干干净净，应该掌握的知识点也只是在那一个单元了解了一点儿而已，所有都不了了之。

没有系统的学习，自然是一知半解，深入不进去，随着教学进度的推进，应该掌握的内容掌握得不到位，学生学习起来就更困难了，特别是到了高年级，想让学生唱好一首简单的合唱估计都难。

理出各学期教学的知识点，然后再进行比较、归纳、布局，然后有计划地开展教学活动，那些知识点就不再是某个单元的“专属”（只在某个单元讲），那些教材也可以活起来，甚至丰富起来，让它成为教学的素材而不是唯一的教材。如果没有基本的读谱知识（即音乐的基本要素）做支撑，学唱歌曲与聆听乐曲，从长远看都是较为浅层次的。

比如，一年级上学期要学习二分音符、四分音符、八分音符，那么每节课我们就可以选择教材开展相应的教学设计与活动了。哪个学期应该掌握的内容，哪个学期就重点渗入（记住，是渗入不是灌输），并且每节课融合，不能知识点出现了才做，下节课没有了便忽视掉。试想，用一节课或两节课时间学生能真正掌握这些内容吗？比如二分音符、四分音符、八分音符和四分休止符，如果只是记住名称，知道是什么意思，一节课的时间学生是没有问题的，但“知道”与“体验到”、“明白”与“感知”是有很大区别的。音乐教育的目的如果仅仅只是知道而已，那就完全失去其审美的价值了。中小学音乐教育不是简单的理论学习，要的是在活动中体验，在活动中感知，在活动中理解、运用、分享、创新，从中受到艺术的陶冶，而非仅仅浅显知道、明白。

因此，只有清晰地了解知识结构的布局，明确了教与学的具体目标，教学才会游刃有余，教材才会成为我们可以灵活运用的工具。

2.细化教学目标

如果稍稍了解柯达伊（Zoltán Kodály 1882—1967，匈牙利著名作曲家和音乐教育家）教学法，便知其教学法中一个很显性的内容就是音乐读谱知识在各年段、各学段、各学期，甚至每个月都有着十分清晰的描述，它用知识的联结来实现教学审美的目标。

比如一年级，要掌握的内容有拍子、节奏、节拍、小节、小节线，八六拍节奏，四分节奏、八分节奏、二分节奏，学唱“sol、mi、la”，了解并唱准小三度，编排固定音型进行音乐的即兴创作等。

我国音乐教材一般以一个主题思想来构建内容，一个主题选择相应的歌曲和乐曲组合。如一年级第二册，第一单元的主题是“可爱的动物”，选择内容就有歌曲《动物说话》《咏鹅》，有欣赏曲《快乐的小熊猫》《袋鼠》。一看便知道，这些的确都是可爱的动物，这样的组合也有很多好处，比如作品思想性、趣味性都很好，学生可以通过不同的作品开展情景编创和表演活动，通过聆听、演唱多形式的作品拓宽视野。在实际的教学过程中却存在一些问题，比如作品的思想性、趣味性虽然很好，但是从知识的角度看却没有系统性，学生的学习完全靠聆听或者教唱来实现。也许你会说，音乐何须懂，你喜欢听、你喜欢唱就可以了。如果真如此，小学阶段完全不用开设音乐课，开设欣赏课足已，音乐教师谁都可以来胜任，打开网络，选择喜欢的音乐手指一点儿就够了，学生在课堂上思想可以自由驰骋，天马行空，多好啊！可是……

音乐教育又称美感教育。18世纪德国著名诗人席勒曾说：“美感教育是培养人感知、感受和创造美的教育。”没有基本的音乐常识做支撑，何来自觉的感受、感知与创造？因此，唯有明确年段教学目标，教育才不至于为空中楼阁，摇摆不定。

从《课标》来看，课程目标从“情感·态度·价值观”“过程与方法”“知识与技能”三个维度确定了总目标：培养学生对音乐的持久兴趣、涵养美感、和谐身心、陶冶情操、健全人格等具体的内容。但这些内容如果音乐教师不深入研究，不细化到具体的点，教学还是会盲目的。

比如低段（一、二年级），课程标准确定的总目标为四个方面：

☆激发和培养对音乐的兴趣。

☆体验音乐的美感，开发对音乐的感知力。

☆能参与演唱、表现、编创活动。

☆培养乐观的态度、友爱的精神。

这样的目标表述清晰。比如兴趣，低段最重要的目标是兴趣的培养，如果一开始教师不关注自己的教学方式，不关注教法，不注重美感的浸润，学生是很容易对原本美好的音乐学习失去兴趣的。再比如音乐的美感和感知力，这是音乐教育很重要的目标。如果一开始不注重这方面的引导，学生是走不进音乐，喜欢不上音乐的。

目标是方向，具体怎么做还得细化下去，因此，找准目标，教师就该围绕目标制定具体的教学策略了。比如欣赏、歌唱、编创活动等都离不开节奏、旋律、常用读谱知识等，那么一年级，就可以从节奏、旋律、歌唱、欣赏、器乐、编创活动等方面确定更详细的教学目标，如一年级上册的教学目标就可以这样来思考：

☆了解并愉悦体验四分节奏“**X**”、八分节奏“$\underline{\mathbf{X}}$”、二分节奏“**X** **－**”。

☆能初步认识唱名“do(**1**)”“re(**2**)”“mi(**3**)”。

☆能随教师的伴奏模唱简单旋律。

☆学习正确的“坐”和“站”的歌唱姿势，放松嘴巴歌唱。

☆能完整准确地背唱2~3首歌曲作品。

☆能体验音的强弱、长短，初步感受三拍子音乐作品。

☆认识打击乐器：木鱼、碰铃、响板、锣、鼓、镲，并能听出其音色。

☆能用所学节奏与打击乐器进行简单的编创活动，如让打击器乐发出不同的音响，用嗓音模仿生活中的音响；编创固定节奏用打击乐器参与歌唱表达。

……

那么到了一年级的第二学期，就可以根据教材在上一学期所学知识以及学生实际掌握的基础上做进一步的提升了，如：

☆认识并体验四分休止符“0”，继续体验并应用四分节奏、八分节奏、二分节奏。

☆能在教师的帮助下编创1~2小节固定节奏为歌曲伴奏。

☆能愉悦体验节奏与速度的变化。

☆学习唱名“sol”“la”，唱准“mi”“do”“re”。

☆学习放松、清晰的歌唱方法，能完整背唱3~4首歌曲作品。

☆体验音的高低、快慢；比较三拍子和二拍子音乐的不同特点，并进行2+3拍子节奏游戏。

☆认识并正确使用三角铁、双响筒、沙锤、串铃等乐器，用打击乐器为歌曲进行伴奏。

☆选择所学打击乐器，根据画面或教师提供的情景进行即兴编创。

……

以此类推，随着各学期知识的布局与学生的实际情况，再确定出各学期、各学年、各学段的具体目标，让知识层层叠升，以此达到更高的目标。

关于欣赏教学的年段目标，《课标》已有详尽表述，这里就不再讲《课标》的内容。《课标》的指向是大而统的，只有细化下来，教学才会落实。

空洞的口号是最忌讳的，在备课本上写要培养学生的审美能力，对祖国、对生活的热爱之情，如果没具体的落实，那一切都将是空谈。如果学生喜欢家乡的歌，乐意用最深情的声音表达歌唱祖国的音乐作品，能用所学节奏进行趣味编创并陶醉其中，这就是爱生活、爱家乡、爱祖国的最好体现。

3.明确各学段知识点

音乐教育一定不能离开音乐谈音乐，教师有责任指导学生掌握一定的读谱知识，帮助他们建立良好的歌唱习惯、准确的乐感和音高，学会简单的作品分析，了解音乐元素在音乐作品中蕴含的情感因素等。唯如此，学生方可真正走进音乐、听懂音乐、学好音乐。特别是小学阶段，学生完全可以系统地掌握和领悟与音乐艺术相关的许多知识。

要做到这些，音乐教师在领悟《课标》精神的基础上，一定要通读教材，了解教材背后蕴含的审美“基石”（即基本的读谱知识），掌握并灵活运用这些读谱知识。同时，还要了解这些基础知识在各学期各年段的分布情况，有计划、有重点地进行引导，方可避免教学的盲目，才会教得轻松、学得愉悦。因此，教师理清各学段知识点就显得尤为重要。

从现在的教材情况看，音乐学科的知识点是渗透在教材之中的，只是在教材后面有所提示。正因如此，教师们常常看到的是歌曲或乐曲内容，而很容易忽视教材后面的音乐知识。因此，统揽教材，梳理知识点在各学期的分布，清晰其结构，教学才会游刃有余。

比如，以人民音乐出版社出版的简谱版教材为例，可以根据教材做如下梳理。

学段 类别	低段			
	一年级上册	一年级下册	二年级上册	二年级下册
节奏	X 四分节奏 X X 八分节奏 X－ 二分节奏	0 四分休止符		0 八分休止符 XXXX 十六分节奏
旋律	唱名：re、mi、do	唱名：so、la	唱名fa、ti。模唱： 5－6－4 6－7－5 4－5－3 7－5－6 2－4－6	模唱：3－5－6　7－5－4 6－4－3　1－3－2 1－5－3　2－3－1 6－4－5　5－7－6 学画旋律线；找相同旋律
歌唱	1. 学习唱歌的正确坐姿和站姿 2. 体验嘴巴放松歌唱	学习清晰的咬字、吐字	1. 体验"o"的歌唱位置，松弛、轻巧、不挤压地歌唱 2. 练习气息，做到气息平稳，吸气、呼气自然均匀	1. 练习开口音"a" 2. 学习有弹性、流动感地歌唱
欣赏	……			
器乐	……			
编创与活动	……			

欣赏、器乐、编创与活动等不再一一列举。这样做详细梳理，相信教师们对教学目标和内容会更清晰，对每个学期教学计划的撰写、教材的使用与选择都是会有帮助的。

如果按照《课标》的三维目标"知识与技能""过程与方法""情感态度与价值观"来看，以上梳理的仅仅只是知识的范畴，技能都谈不上，但如果没有这些知识的支撑，过程与方法、情感态度与价值观是会脱离音乐本体而肤浅存在的。正如柯达伊音乐教育原则所强调："尽管音乐具有情感价值，但还是认为对音乐的热爱需要音乐知识的支撑，二者相辅相成，缺一不可。”(《柯达伊教学法1：综合音乐教育》，洛伊斯·乔克西著，赵亮、刘沛译)

旋律、节奏、歌唱等在教学中其实是不能完全分离的，之所以分表单独列出来，这样查看各年级的知识点就更清晰明了，年级之间的叠升也好做比较，对教师学期初拟订计划、备课，以及期末总结都有一定的指导价值。比如一年级，要掌握的节奏主要是四分节奏、八分节奏，那么，我们就可以在这些节奏上多做文章，通过编创、演奏等活动，让这些节奏扎根在学生的心里。不过要记住，在低段，对节奏的掌握重点在于了解、体验，重在感性上的表达，因此主要通过活动参与体验，不一定要明确其理论上的名称与时值。

但旋律的学习却不同，一、二年级便要认识五声音阶的唱名，并且力求达到音高的准确；到了三年级，重点唱准“Ti”音。因此，旋律的学习就要多唱多听，并能快速明辨唱名与音程，在学习时间内完成相应的任务。比如一年级学年结束，就要尽量离开伴奏对五声音阶各音的音高有较为准确的音高判断，即能唱准这些音。

在歌唱技能的学习方面，小学生的嗓音训练主要靠的是感知、体验，基本能悟到为止，不同于专业院校的技能训练，如果音乐教师把握不好这个度，就很容易让歌唱技能训练成为学生厌烦的篇章。如果引导不到位，又会出现无知不明的状态，还会影响歌唱的音准。

比如一年级，在歌唱技能方面应掌握的知识点，是学习唱歌的正确坐姿和站姿、学习放松嘴巴清晰地歌唱。难度大吗？一点儿不大！内容多吗？一点儿也不多！但这小小的目标如果教师心中不明确，是很容易忽视的。

这个看似简单的歌唱目标，对学生歌唱习惯的培养，以及以后良好的发声训练都是具有坚实的铺垫作用的。如果一年级做不到，到了二年级就难了，二年级要学习的是气息平稳、自然均匀地吸气呼气，学习有弹性、有流动感地歌唱，并且开始学习松弛、轻巧、不挤压地唱开口音“a”“o”。到了六年级，学生不但要掌握有气息支持连贯、圆润演唱较长乐句的技巧，还要做到重音饱满、跳音灵巧，松弛、清晰和富有弹性地正确咬字吐字等歌唱技能，学习变声期嗓音保护方法，等等。

这样一比较，教学就不会显得无计划太随意。比如一二年级的两年时间，我们就可以在五声音阶的几个音上多做文章，让学生感受其“准”和“美”；比如每课时安排几分钟的视唱或听音游戏，达到离开伴奏唱准音的目的，结合歌曲进行相关的活动；等等。这样的梳理我们不能小觑，只有理清了脉络，教学才不会只见树木不见森林，才会循序渐进落到实处。

再说欣赏。三年级开始理解乐句与乐段、能分辨主题音乐、能哼唱出主题旋律；到了四年级，就要模唱主题旋律了；到了五年级，不但要会以上的要求，还要会唱主题旋律了。看看这三个递进关系词：哼唱—模唱—会唱。教师如果弄不懂这些细微的递进关系，教学目标的设定是不容易找准的。理清各年段脉络，就会懂各年段该做什么，不该做什么，就会找到教学的途径，包括不同年段欣赏教学的不同侧重点。

如果不做这样的梳理，教学可能会出现两种情况：一是无计划和目标盲从，不分年段、不分时间，囫囵吞枣，想什么时候讲就讲，想什么时候不讲就不讲，有时候什么都讲，有时候又什么都不讲。如有的教师一年级开始，便把所有唱名全部教给学生，或根据歌曲或欣赏曲内容把所有节奏都教给学生，或者歌曲中出现的节奏教师都讲，都要求学生做到，因为内容的繁多，只好强迫灌输。

有的教师又什么都不讲，什么都不做，想到什么讲什么，歌曲或乐曲出现什么学什么，让学生简单机械地模仿，简单表面地聆听，到了高年级渐感教学的吃力，无法完成教学任务。比如合唱节奏乱、音准差，欣赏浮于表面花招，教学过程蜻蜓点水而无法深入，等等。

缺乏系统的学习策略，教师随心所欲，知识点哪里出现讲哪里，哪课学完哪课结束，有什么要求做什么应付，导致教学的低效。知识的掌握是一节课讲完就可以达到的吗？显然不是，是需要每课时都用点时间感知体验、慢慢浸润的，是循序渐进、日积月累的过程。

别小看对各学段、各学期知识点的提炼与分析，这是我们教学的框架，也是避免教学盲目的重要一环。每学期开学，音乐教师先统揽教材，根据各班、各年级教学实际对梳理的知识点做个盘点，看看哪些掌握得好，哪些还不足，哪些有遗漏，然后再制订有针对性的学期计划。

第二节　借力教材

1.借力教材图谱

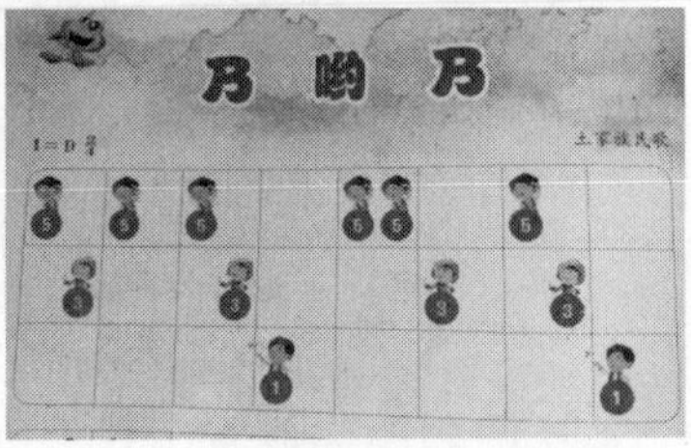

图2-1

图2-1是歌曲《乃哟乃》图谱。你会发现什么？音的时值、节奏、高低？

是的，一空一音、一空两音。排放的位置变化能说明音的时值与高低。小小图谱，可以带领学生去寻找节奏的时值关系，可以去探索音高的不同。同时也暗示教师，如何引领学生体验节奏与音的高低，如何进行类似的创编……

图2-2是歌曲《其多列》谱例，这个谱例你又会有哪些发现呢？

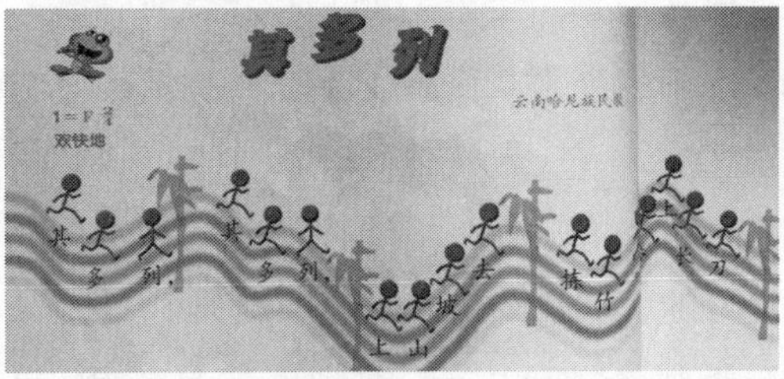

图2-2

从小人的行走轨迹去认识旋律线，体验旋律线起伏如波浪；从小小竹子的摆放知道音乐原来是由一小节一小节的旋律组成的，知道音乐读谱知识中的小节线……

图2-3是小提琴曲《牧歌》的主题旋律图谱，从白云的大小与厚重，羊群的大小与远近，你又能发现些什么呢？

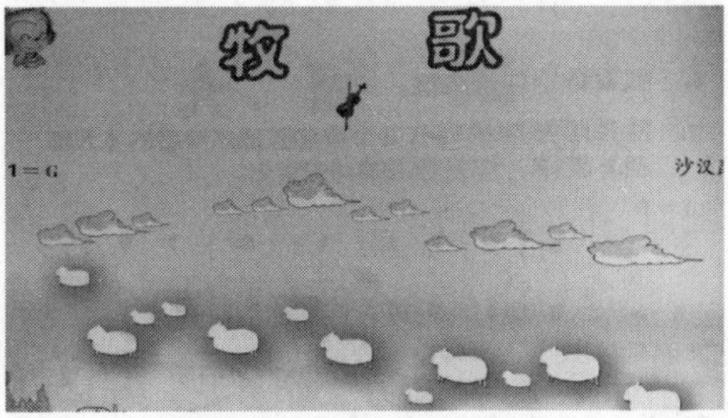

图2-3

对，通过图谱、聆听音乐，可以感受音色的变化、旋律长短的变化、力度的变化、音乐情绪的变化……

这些图谱，带给师生的是顿悟、是想象、是理解、是内心的触动。因此，教材中的一些小设计，我们不能忽视，好的素材是可以借鉴并运用的。

我们再来看一年级教材上推送的一组图。

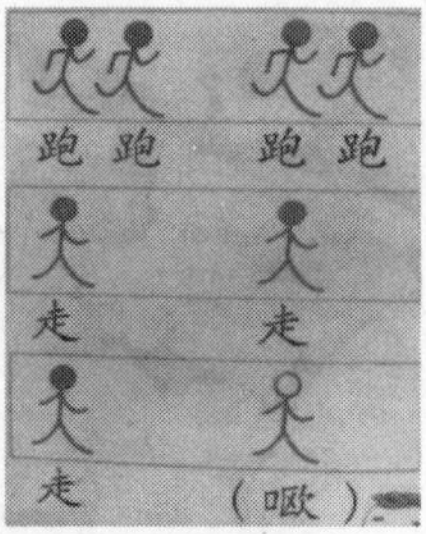

图 2-4

图 2-5

这两幅图你能看出什么呢？时值？音符？

是的，都不错，图 2-4 告诉我们要了解的节奏是“X”“X X”，它们的时值关系是 X X=X，（当然，这里只是教师的理解）；图 2-5 告诉我们不但要引领学生感知四分节奏、八分节奏，还要了解二分节奏，同时也通过小人的跑、走，暗示这些音符的快慢与时值的相互关系。当然，也许你会看到更多。

从这两幅图的排列顺序看，排在第一的节奏是“X”，你又会想到什么？为什么从四分节奏开始呢？对啊，为什么从四分节奏开始？我们一般想到音符，首先想到的会是全音符，然后是二分音符、四分音符、八分音符，但这里却不是，是从四分节奏开始学习的，为什么要做这样的安排？

四分节奏最接近哪个速度？走，对吧？这样一想，这样的安排自然就有道理了，从最接近人们走路的速度开始学习节奏，符合人的天性，因此，四分节奏可谓是打开节奏学习的窗户。

四分节奏后是八分节奏，八分节奏是什么速度？是跑的速度！就像小孩子走路，一定是先学走，然后才是跑。走好了，跑稳了，再来体验二分节奏、十六分节奏、休止符、全音符……这样有序的学习节奏与速度才会稳定和准确。

图 2-6 是一年级的发声练习曲谱，看看画面，你又想说什么呢？

图 2-6

“这首发声练习曲是选择歌曲旋律片段作为发声练习曲的！要打着拍子唱准节奏！”也许你会这么说。

是的，这幅图的确有如此的暗示。选择歌曲旋律片段作为发声练习曲，这是很好的一种策略，既进行了歌唱技能的训练，又练唱了歌曲旋律，稳定了音高和节奏，真是一举两得。有了这样的提示,那今后在选择练声曲时是否可以模仿同样的方式呢？显然是可以的。

读教材一定要心细,要用心,这样才会不断找到宝贝。

教材如同我们的食材,如何用？如何搭配才能做出一桌好菜,关键看教师自己。好厨不担心食材,用好食材是关键。我国的教材百花齐放,各个地方都有自己喜欢的一套教材,各个地方的教材也各有各的特色,不管什么样的教材,我们关键要会用。只有会借力教材,用好教材,你才是优秀的“厨师”。

2. 用好“袋子”里的国粹——京剧

有些教材很有趣,你用心品读,会找出许多宝贝。比如有一套教材(人民音乐出版社出版),中国京剧就藏在“袋子”(1—6年级教材)里。

为什么说中国京剧藏在“袋子里”？通览教材,就会看到它在各年级的分布情况。二年级(第四册)第二单元第一次出现京剧,这是一首现代京剧《都有一颗红亮的心》,这个单元不讲京剧,主题是“难忘的歌”,因此教学要求并不高:初步了解京剧的念白与亮相,其实要做好这两点估计一节课时间都不够,已属不易。但教师们常常会忽略掉这些,因为主题的因素,有的教师会把那段历史作为重点来介绍,忘记从戏剧这块去思考和实践,一旦忽略掉,到了后面,学习就累积成一定负担了。

三年级(第六册)第二次出现京剧,也是现代京剧《穷人的孩子早当家》,这个单元也不讲京剧基本知识,主题是“美妙童音”,因此,这里出现,又在二年级基础上有了新的目标:随音乐模唱,也就是要用声音去初步感受京剧唱腔的韵味了。同时这一课还要学几个表演动作,以及京剧的功夫“做”,要求似乎不高,但内容却是具体的,有三点:唱、做、表演。如果稍稍揣摩,就会觉得不简单,京剧的功夫“做”就是一大难点,内容形式多样,文字介绍还不行,要通过身体的参与去体验。唱的功夫就更考究了,除了简单模仿演唱方法,还真的需要用点功夫聆听比较,用点时间揣摩动作与唱腔,这才有意义。

当二、三年级念白(念)、亮相(做)、演唱(唱)等基本功夫都了解和体验了,到了高年级再学京剧这个单元,就一定轻松不少。

到了四年级(第七册最后一个单元正式出现京剧),这个单元内容就比较翔实了,除了唱、念、做的基本内容,开始重点了解和体验京剧锣鼓经,也就是要动手敲一敲,体验锣鼓经的打击方法了。同时,开始认识和了解京剧的主要伴奏乐器——京胡,并用打击乐器为具有京剧韵味的歌曲伴奏等。

五年级是在第十册(第五单元)出现京剧,这时不但要能熟练演奏锣鼓经,并且要求能在锣鼓经伴奏声中学习走圆场,开始系统了解京剧,比如演唱风格、旋律特点、发声方法等,并要求会唱一些京剧唱段。

六年级是在(第十一册)第四单元出现,六年级开始了解京剧行当:生、旦、净、丑;学习听辨各行当声腔;重点要了解"净"行当,并且要了解其演唱音色以及与人物的关系,并且要学几段京剧唱腔了。

说了那么多,简单罗列如下,这样看更加清晰。

二年级:念白、亮相

↓

三年级:唱、做

↓

四年级:京胡、锣鼓经

↓

五年级:走圆场,京剧唱、念发声方法,演唱京剧唱段

↓

六年级:了解行当(重点了解"净"行当),学唱京剧唱腔

仔细观察,每个学年度掌握的知识点其实是不同的,如果每个年段没有掌握好,累积起来就成问题了,到了高段就会越发不知如何是好,眉毛胡子一把抓,什么也抓不好。

京剧属于我国国粹,学习音乐,了解京剧自然是必不可少的学习内容之一,而这些知识点又都是隐形的,隐藏在各个年级中的某一个单元,需要教师去提炼、研读、思考,然后再设计适合学生的教法开展活动。如果教师内心无数,只是随教材简单走,没有系统的深入学习,到了高段,学生是不可能弄懂学好的。

因此,理顺"袋子"里的京剧,才会用好"袋子"里的宝贝。

说到戏剧,就想到现在我们音乐教师们的困惑了,不得不说,现在的中小学音乐课堂关于戏剧,特别是地方戏剧这一块的教学是欠缺的,许多音乐教师常常跳过此单元不讲,或者轻描淡写一带而过,究其原因:教师不懂,不会!我们暂且不去追究不懂的原因,但现在网络如此发达,查找资料已是一件很容易的事,不会的话,是可以通过此渠道自己学一点儿的(当然,如果学校管理者能意

识到这点，给音乐教师外出继续学习提升的机会，那是再好不过了）。做教师的可以在某一方面不精，但各方面一定要懂，实在不懂的借助多媒体教学也是不错的选择。

也许有教师会说，戏剧就是戏剧，与音乐无关，我们为什么要学？戏剧与音乐能分家吗？我国幅员辽阔，人口众多，每个地方有每个地方的戏剧种类，作为音乐教师，还真得懂一些呢，因为戏剧原本就属于音乐的范畴，也是一个民族颇具代表性的艺术。因此，对教材中的戏剧我们不但要认真教学，并且自己还要学一点儿本地区的地方戏剧，把学到的东西带给学生，唯有把自己的“根”（民族音乐）留住，音乐教育才不失其根本。

3.发现乐谱的美

进行歌曲教学时，初次聆听歌曲，我常对学生说这样的话：“认真聆听，仔细读谱，你一定会收获惊喜，也许是歌词、旋律、节奏、音色……我期待你们的发现和分享。”

比如歌曲《地球是个美丽的圆》，共三个乐段，第三乐段是第二乐段的再现，属于转变调性的再现。第一乐段四个乐句，第三、四乐句是一、二乐句的再现；第二、三乐段也分别有四个乐句，第三、四乐句也是第一、二乐句的再现。从乐谱看，显得稍微复杂，学生第一感觉也是难。初听，似乎很复杂，比如歌词、旋律难记，加上调性的变化、切分节奏的出现、音的高度，用一个学生的话来说就是：“哎，有点难喔！”

但如果提示学生听音乐时认真阅读乐谱，学生就会很快找到记谱特点，找到主题旋律和作品的框架结构。

听完音乐，课堂上学生有如下话题分享：

生1：我发现第二段用了反复记号来标记，因此看起来简单多了。

学生发现了反复记号在教材中的运用。

生2：同意，我也发现了，但第一段的前两句与后两句其实也是相同的，为什么不像第二段那样记谱呢？如果那样记谱，看起来歌曲会更简单一些。

学生发现了音乐的结构与记谱方式。

生3:这首歌曲听起来很美,演唱也挺好听的,轻声而自然,有气息支持,我很喜欢。

学生开始关注到了歌唱方法。

生4:我发现了,这首歌曲有变调!最后一部分从G调变到^{b}A调了,因此虽然旋律节奏与前面的完全相同,但音调变了,感觉上不同了,似乎在强调!

齐:嗯,是的。

惊喜!他们关注到了调性的变化。

生5:“让我们更加紧密地牵手,在绿色星球狂欢”,这句歌词为什么说星球是绿色的?在我的想象中,星球应该是金色的。

有学生关注到了歌词,对词意的理解有了自己的疑惑。

为了集中问题,把学生发现的问题逐一板书在了黑板上:

乐句反复——记谱方式——歌声美——绿色星球——变调

然后根据学生关注到的问题边听边唱边展开讨论、共同分享,通过聆听和对曲谱的关注,歌曲意境、结构、情景逐渐在学生心中清晰起来。

最开始大多数学生沉默不语,听完歌曲,只觉得好听,没有发现和触动,但这些学生在那些会发现的同学的启发下、分享中,很快进入角色,感受到音乐作品的魅力并开始有自己的想法。

这是他们最后提出的两句关键乐句:

片段一:

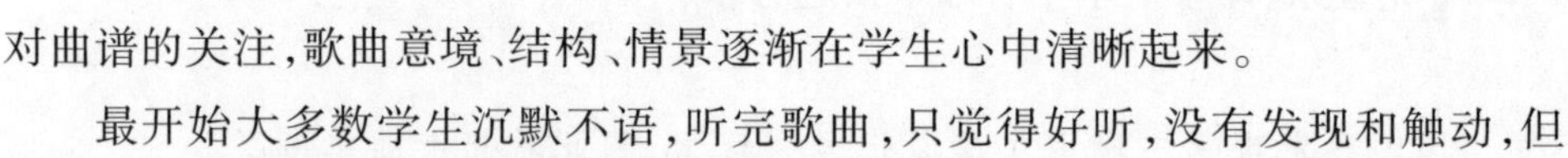

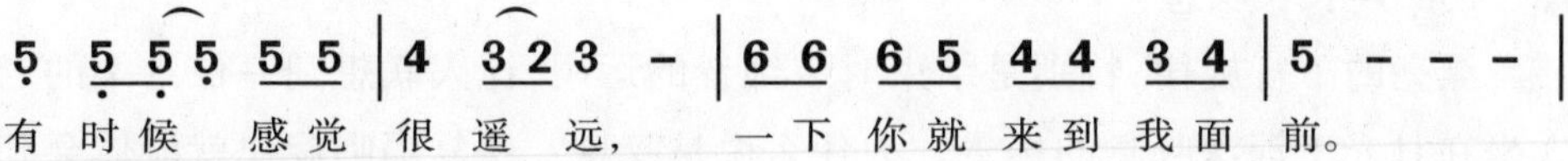

片段二：

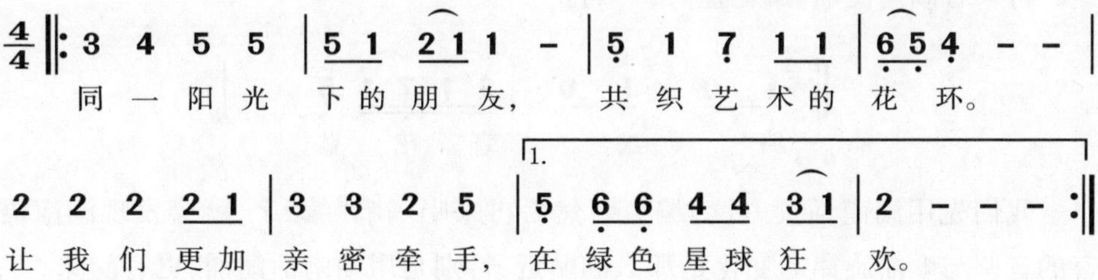

特别是片段二，学生提出并板书出来后，在熟练演唱的基础上做了移调演唱。每一乐段的结束句大家也认真做了比较，并提炼出来书写在黑板上共同探讨。

比如：第二乐句的结束句：

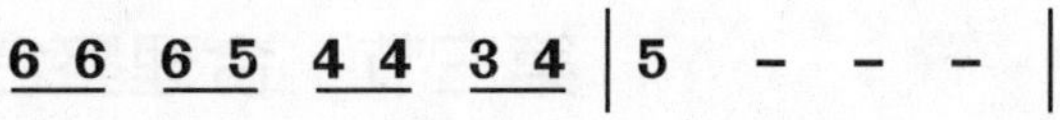

第四乐句的结束句：

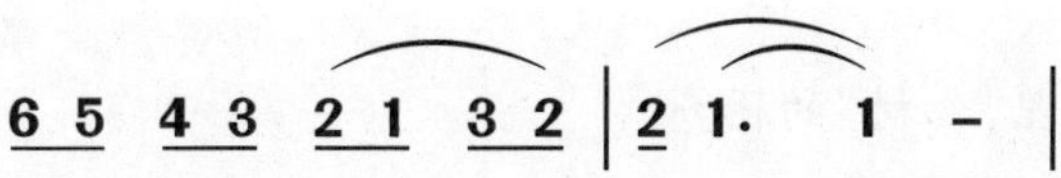

学生通过反复演唱、比较，对音乐作品旋律、结构、音准有了较为准确的理解和表达，对怎样的结束更稳定有了较为直观的体验。

通过观察、对比、找相同乐句的小变化等活动，自己寻找、自己发现、互相分享，学生原本觉得十分复杂的歌曲变得简单起来，对乐谱也不再感到神秘。

是的，认真品读作品，你会发现乐谱的美，从中收获许多惊喜。

再如二胡独奏曲《二泉映月》，对小学生来说能真切感受其魅力还是有些困难的，因为他们的阅历有限，但如果让他们品读乐谱中的一些小片段，他们同样可以和作者感同身受。

这是作品的第一句，我们不妨来唱唱：

如果画成旋律线，我们再观察一下：像不像深深吸一口气，然后意味

深长的一声长长叹息？

漂亮的下行旋律，特别是结束时装饰音的运用，让人联想到一位沧桑的老人坐在月光下深深叹息的场景。为什么说是叹息？反复唱唱旋律就能体会到了。随着旋律的展开，音乐娓娓道来，无需语言，所有的情感共鸣融入其中。

再来看湖南民歌《编花篮》第一句：

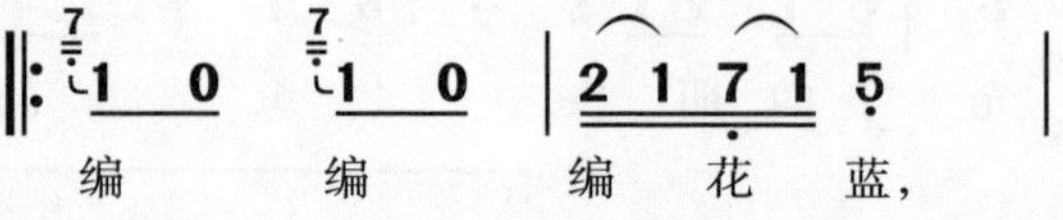

我们先用湖南话读一读“编”字，然后再来唱一唱“编”字，就会发现湖南语言的音调与歌曲旋律的变化是那么的贴近，特别是用湖南话朗诵，更有韵味。

别把音乐神秘化，好的音乐作品就是生活中最自然贴切的声音，绝没有故弄玄虚的造作，品读作品、分析作品，发现乐谱的美，我们才能更好地理解和表达作品。

第三节 合理整合教材

1.处理“食材”的困惑

有多而好的食材，就会做出高品质的大餐。但如果宾客少，按要求又必须用完这些食材，厨师会怎么办呢？

现在的音乐课，就遇到类似的难题。

无法高质量完成每个学期的教学任务，这是音乐教师们的困惑，特别是到了高年级，合唱教学无法实施，更是教师们的困惑。到底是什么原因引起这些困惑，在本章的第一节已有涉及：第一是各学段教学目标不具体，各学期教学内容特别是应解决的知识点不清晰、不明确等导致教学不深入、进度无梯度所致。第二便是教材内容偏多与教学时间不足的矛盾了。

按照每周两节课的音乐课时间与一个学期至少学习七个单元的内容看，也就是按每个学期至少要唱会14首歌曲、至少欣赏14首乐曲计算，每个学期教材内容的确是偏多的。

由于时间与教材内容的矛盾，于是有教师开始思考“变革”，提出是否可以不严格按教材内容上课，即每学期上多少算多少，哪些内容适合学生，学生喜欢上哪些内容就重点上这些内容。可是，这样“变革”的问题出来了，有的教师一学期结束只上了三四个单元。为了让学生唱好一些歌曲，反反复复练唱，为了记住一些乐曲，学生反反复复聆听，弄得学生厌烦，教师也觉得无趣，音乐课堂变成了学生厌学的地方。还有个别教师干脆不用教材，直接从网上下载音乐或视频给学生听（看），或者把从外面学到的一些零零碎碎的教学法通过自己的理解方式传递给学生，于是，课堂活跃了，学生乐学了，但似乎实际效果并不理想。

为了避免音乐教师“偷懒”“耍滑”，发现“问题”的学校开始实行严格的检查制度了，比如学期结束，他们会找学生座谈，会用听学生演唱教材歌曲等方式组织人员检查音乐教师是否上完教材内容，如少上一课扣多少分等，这样一来，音乐教师又乖乖回归到初始，一个单元一个单元地教教材。

其实，教师的“变革”如果从改革的角度看并没有大的问题，虽然《中华人民共和国教师法》第37条规定不允许教师故意不完成教学任务，但他们没有完成教学任务（所有歌、乐曲）并非故意，因为他们真的是想改革，关键的问题是还没有弄明白“为什么改”“改什么”“怎么改”“该在怎样的范围改”，这样的“改”当然会造成教与学的混乱、教与学的无奈，甚至教师的失责。

其实，这所有的困惑都是可以解决的，不用舍弃那些宝贵的“食材”（教材），如何把这些“食材”通过“烹、蒸、煮、炸、烧”来解决，只要教师用心，就可以做到很精致。

2.根据音乐要素进行整合

我们常说用好教材，用活教材，别让教材绑架我们的教学，但真要用活教材，还得下一番功夫，什么才叫活？弄懂每一个作品算不算活？唱好了每一首歌曲算不算活？如果因时间与教材的矛盾，只是重点唱好那么几首歌曲又算不算活？

在教学实践中发现，要实现活用教材，最好的办法是根据音乐要素在各学期的分布情况，适度整合，这样的教学会更灵活。

在本章的第一节里已谈到要理清知识的脉络（这里所指的知识即音乐要素的具体化），当然还包括各学期教学具体目标、知识点在各学期的具体分布等。因此，就可根据各学期教学目标和具体的知识点进行整合。

比如，一年级第一学期重点要掌握的知识有四分音符、八分音符、二分音符，认识唱名“do”“re”“mi”，并唱准音高等，教师可以根据这些知识点选择与之相辅佐的教材（歌、乐曲）组织学习。这些歌、乐曲可以是本单元的，也可以是其他单元的，这些作品集中到一起后，就可以把一首或者两首作品作为重点来体验、演唱或者聆听，其他的作品作为拓展式赏析，这样就既对所有教材有了学习和了解，又有了内容分配上的主次之分，教学用力点轻重不同的布局。这样围绕知识点进行的主次分明的教学实践，是可以让学生学得轻松又收获满满的。

再如二年级下册，有一个需要掌握的知识点是八分休止符，这个读谱知识是安排在第四单元的，清晰教学内容后，我们就可以在第一单元就进入学习了，因为第一单元的《只怕不抵抗》和《祖国，祖国，我们爱你》两首歌曲都有八分休止符，教学时完全可以在此单元渗入，然后在后来的单元学习里继续深化体验。

例：分别选择歌曲中的一个乐句，体验节奏、旋律（以游戏的方式进行）。

曲1：《只怕不抵抗》

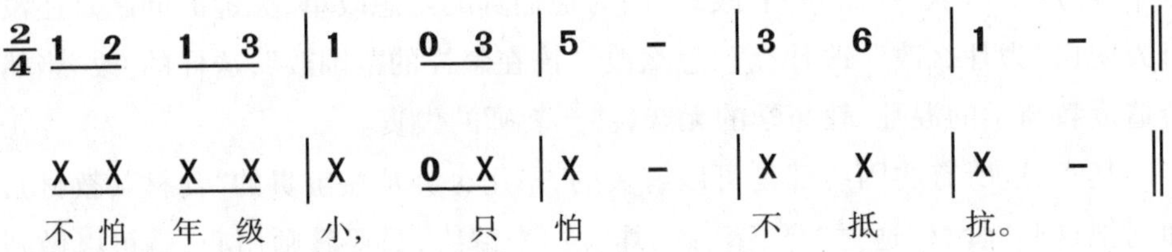

曲2：《祖国，祖国，我们爱你》

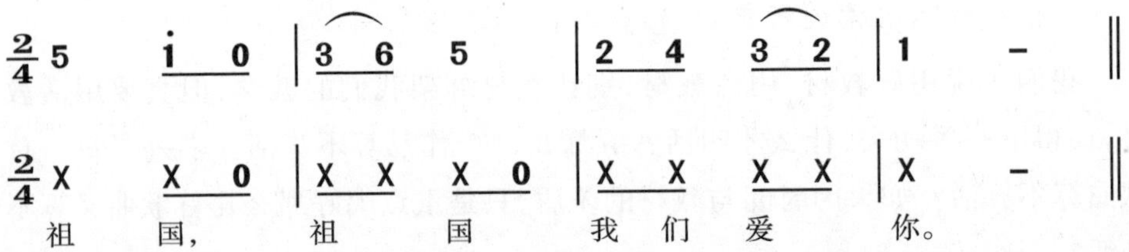

这两乐句正好是前半拍休止和后半拍休止，反复演唱、比较，学生对八分休止符的运用一定会更深刻。当学生掌握这两首歌曲中的关键乐句，就可以开始唱或者听这两首歌曲了，在演唱或聆听中感悟不同音乐元素带给自己的不同情感体验。

这是一年级第一单元两首歌曲：

你的名字叫什么?

1=♭E $\frac{2}{4}$

刘文伍 词曲

亲切地

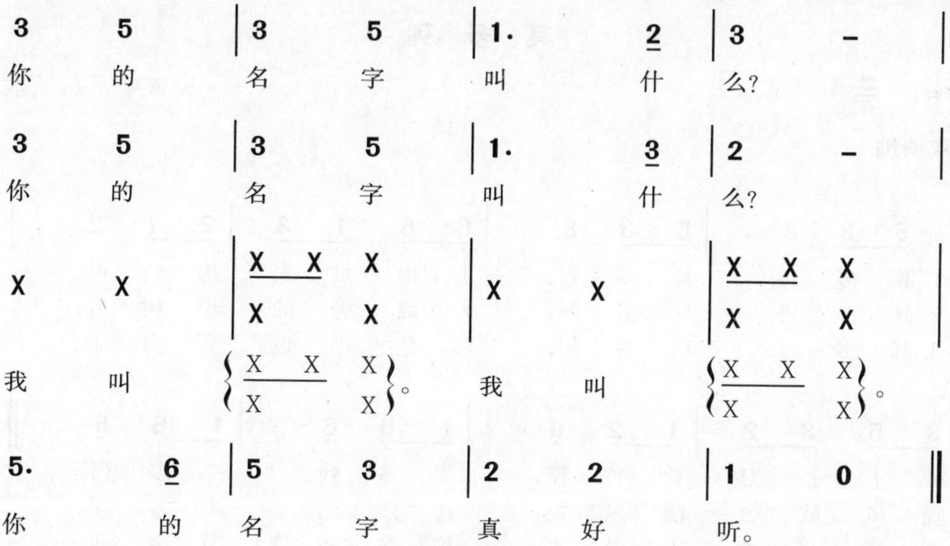

拉勾勾

1=♭E $\frac{2}{4}$

阿昌 词曲

亲切地

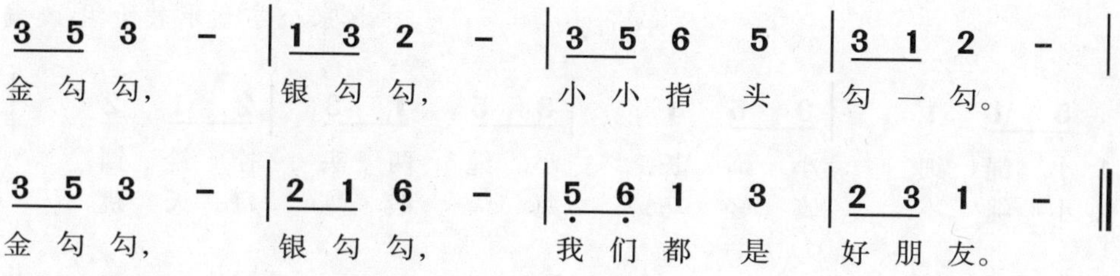

再来看看一年级上册应该达到的知识目标：四分节奏“X”、八分节奏“X X”、二分节奏“X　–”，旋律方面是能随教师伴奏模唱旋律，并能体验音的强弱、长短，初步感受三拍子。

那么这个单元我们可以重点关注什么呢？就可以关注四分节奏和八分节

奏，因此，这一单元的歌曲《你的名字叫什么》可以作为重要的教学素材来使用，第二首歌曲《拉勾勾》便可暂时推后，放到第二单元去体验。第二单元的两首歌曲《跳绳》和《其多利》却可以借用到这个单元来上，因为这两首歌曲从节奏看非常适合作为学生在学习了四分节奏和八分节奏后的巩固练习，同时也与“好朋友”这个主题不无关系。

其多列

1=F 2/4　　　　云南哈尼族民歌

欢快地

跳　绳

1=♭E 2/4　　　　刘润田 原词

董作新 曲

活泼地　　　　北京小学音乐教研组 改编

以上举例表达的意思是：清晰各学段各学期知识点后，便可把教材作为素

材围绕知识点进行合理的整合，进行不拘一格的实践体验。

那么，音乐要素包括哪些呢？

音高、强弱、长短、音色、旋律、和声、节奏、速度、调式、音区、织体这些都是构成音乐情感的要素。音高、强弱、长短、和声、速度等这些音乐要素很好理解，在教学中也易于区分和表达。“织体”可能大家会有些不理解，其实织体就是指我们常说的“曲式结构”。比如三段体、二段体，再现曲式，循环曲式等等。从另一个层面理解，织体还指我们听到的音乐有多少个层次，比如，音乐是单一的旋律线条，还是在旋律下方添加了和声，或是有好几条不同的旋律交错、重叠等等。

3.慎重“取舍”

“取”与“舍”是词意完全不同的两个字，对教材做取舍，需要勇气、担当和自信。比如根据内容需要，完全可以把本册教材里与之相关的歌曲或乐曲集中到一个单元来学习，甚至可以把其他学期已学的教材内容借用到一块来比较学习。有的教材不适合在这个单元讲，就往后推一推，或者少讲一点儿，少唱一点儿，到了另一个单元，就派上重要用场了。因此这里指的“取”不仅仅是教材外资料的吸取，还包括教材内单元与单元之间的调换之“取”。

“舍”，也并非不用教材，或者不用一些教材，而是指对一些教材的“使用力度”可以稍弱。比如同一单元的两首歌曲，可以重点唱好一首歌曲，另一首歌曲作为鉴赏性的拓展赏析，或者与主讲作品做比较性的聆听与演唱，“舍”的是用力的不同，正如语文教材中的精讲与阅读的关系。

有一个词语很有意思，那就是“舍得”二字，广义理解，意思是一个人不要太吝啬，要大方一点儿，别做小气鬼，把自己喜欢的东西分享给他人……从词意理解，会发现，“舍”字在前，“得”字在后，意思是有舍才会有得，有舍必将有得……先辈的造字真是太有意思，太有哲理了，它普惠于人生的各个范畴，包括我们对教材的使用。

孟子曰：“鱼，我所欲也；熊掌，亦我所欲也。二者不可得兼，舍鱼而取熊掌者也。”（出自《孟子·告子上》）。

音乐课堂也怕鱼和熊掌兼得式的贪多。当什么都想讲，于是一节课什么都讲，什么都不舍，于是每个单元的所有内容都平均用力学的时候，累的不仅是教师，更是学生。

不过，取舍任何教材都需审慎，有时候因为教师自己的认识问题导致误解作品，有些想一带而过的内容，实际却是非常适合带领学生重点鉴赏的。

比如二年级有一首歌曲叫《小蜜蜂》，教学中发现学生很难唱准第二乐句的音准：“34 53 | 23 42 | 34 53 | 23 42 |”也许正因如此，很多班级的学生对这首歌曲并不喜欢，连教师都说不喜欢，难唱，那么这首歌曲是否就可以忽略一下，用力少一点儿呢？

细品教材发现，不好唱，问题在“mi-fa”这个小二度音程的音准上，而二年级在识读乐谱方面，fa音正是本年级的重点掌握内容。是否把这一课作为重点来探索，让学生先喜欢上呢？有了这样的思考，于是，这课用了稍多一些的时间来研究fa，在多形式的反复体验中，学生不但喜欢上这一乐句，并且喜欢上这首歌曲，还在视唱游戏中碰撞出了许多创新的火花。

摘录这节课的教学片段：

教师用柯达伊手势、用较慢的速度提示学生唱“mi-fa”，“fa-so”“fa-re”，唱完后说说三个不同音程给自己的感受：mi-fa（半度，像月亮的柔美），fa-so（大二度，太阳出来了），fa-re（小三度，像温柔的小绵羊）（教师用钢琴轻轻弹奏）。

↓

分角色唱音名。学生自由选择其中一个音，然后根据音高摆出高低不同的四个音（可以蹲、站、躺等，但同样的音高要高度一致），然后再次慢速唱音阶，比如，有十个同学选择的是“re”，那第一个唱的就是这十个选择“re”的同学，如果有八个学生选择的是“mi”，这八个同学就接着“re”后唱“mi”，依此类推，哪个音不准，那一组便多唱一次。然后交换选择的唱名，再做一次体验。

↓

改变音的顺序唱。听教师唱音的顺序，然后学生依次排列音高演唱，如：“mi-fa-so-mi-re-mi-fa-re”，再次慢速唱（教师手势提示）。

↓

离开伴奏唱，教师手势提示再唱“mi-fa-so-mi-re-mi-fa-re”（依然慢速，这时音会有些不准，教师鼓励会弹钢琴的学生用钢琴提示音或者聆听琴声，反复几次，直到离开伴奏唱准音）。

↓

改变演唱速度。教师用"X"节奏走着唱提示速度,学生跟教师一起走一走,然后边走边唱"34 53 | 23 42 |",节奏要准确,可不断反复。如果音依然不准,教师再弹奏,学生再聆听,直到唱准。

↓

自由编创歌词演唱。教师提示:春天到了,你会看到什么?学生如果说鲜花,就让他用所唱旋律唱出来,比如有学生唱:"春天到了,花儿开了"。经第一个学生的示范,后面的学生便开始文思飞扬,有的唱"蝴蝶飞来,花儿盛开";有的唱"蜜蜂采蜜,小河流淌"……在这过程中,有唱不准音的、有用词尴尬的,不用着急,让学生来互相帮助就行。别小看二年级学生,一个个编创的歌词有模有样。在编创活动中,学生是十分开心的,这时候,只需要教师有双灵敏的耳朵就行,没唱准音的时候提示他们听听钢琴的音高再唱,唱准音的时候大家给予掌声鼓励,然后大家一起跟随他(她)演唱,学生积极性就会很高。

↓

鼓励学生准确表达。当学生编创了好几段有意思的歌词,学生唱得欢喜时,教师开始引导学生唱歌曲中的这句歌词了:

34 53 | 23 42 | 34 53 | 23 42 |

我们 绝不 伤害 益虫,快快 飞到 大树 林中

歌曲的前后句教师演唱,只留这一句给学生,因为有了前面编创歌词的体验,这时的演唱是水到渠成的。

↓

拓展欣赏。再美再有趣的东西如果反复刺激也就没新鲜感了。因为在编创歌词时学生说到了蝴蝶、唱到了蜜蜂,而这学期教材上正有这样的两首作品,一是格里格的《蝴蝶》,第二首是舒伯特的《蜜蜂》,教师开始播放给学生听,让他们闭上眼睛想象,感受速度和音色的不同,然后再唱歌曲《小蜜蜂》,让欣赏与歌唱连成了一体,学生的演唱自然是更加投入。

……

看来这首歌曲学生不喜欢是因为他们没有理解,没有深入的体验。引导进

入了学生内心，作品就可以生动。因此，取舍的度需靠教师把控。

但在这里不得不说的是，根据各地、各校实际情况，除了用好国家规定的教材，有一个内容是必须要额外放进课堂的，那就是本地优秀的民间音乐或者地方戏剧(曲)。

学音乐，连自己本地独有的音乐都了解甚微，甚至完全不知道，那就失职了。因为，越是民族的越是自己的。本地民间音乐最能代表自己的文化，只有用自己的话语与外界交流，才会有自己的话语权。

国家教材涉及的面广，覆盖的地域宽，自然是要吸纳各民族各地区甚至世界各国优秀的音乐资源，既要全面考虑，又要关注教材量的适度，通常教材涉及的本地的民间音乐或地方戏剧是很少的。

怎么办？这就要靠音乐教师了。音乐教师要有主动传承优秀传统文化的责任与意识，主动了解当地优秀的音乐艺术，包括戏剧、民歌、童谣、器乐。然后吸收过来，通过课堂传递给学生。比如在四川，川剧艺术就是很有地方特色的优秀剧种，不管省、市、县，都有优秀的传承人，因此，音乐教师不妨向他们学习取经，然后通过课堂传递给学生们。音乐教师还可以编写校本教材，介绍本地优秀的民间音乐，然后与各学期教材内容一起进行融合，有计划地引领学生学习，帮助学生拓宽视野，开阔眼界。

对教材的合理“取”或“舍”，是为了更好地获得。

第三章　关于班级合唱

音乐到底是什么？这是我日思夜想的问题所在……倘若我们大彻大悟，那么音乐将以各种各样的方式为我们所用并得以进一步发展。然而我们仍在寻道解惑的路上。

——约翰·布莱金(John Blacking)

第一节　一份问卷，几分忧虑

忧虑1　班级合唱为何那么难？

一个班级的学生唱不好合唱是音乐教师们普遍感到困难的问题。为了了解小学阶段班级合唱教学的具体情况，找到解决问题的办法，笔者曾开展了一次问卷调查，共发放问卷64份，回收64份。涉及的学校有28所。有省、市级城区小学音乐教师15人，县级城镇学校音乐教师33人，区级乡镇学校音乐教师16人。调查内容如下：

调查内容(在对应方框内画√)	备注
1.教材上的合唱歌曲你会指导学生按多声部要求演唱吗？(单选) ①全部演唱□　②偶尔唱□　③只唱主旋律□	
2.你任教的班级合唱效果怎样？(单选) ①很好□　②一般□　③糟糕□	
3.学生对合唱教学课的态度？(单选) ①喜欢□　②一般□　③不喜欢□	
4.在班级合唱教学方面，你觉得最大的困难是什么？(可多选) ①学生歌唱音准□　②学生歌唱方法□ ③学生音色的统一□　④其他(若是其他，请写在备注栏)□	
5.在班级合唱教学方面，你重点做了哪些工作？(可多选) ①嗓音训练□　②音准训练□ ③教法研究□　④其他(若是其他，请写在备注栏)□	

以下是问卷的统计(占比四舍五入):

问1 ①全部演唱3人0.05%②偶尔唱37人58%③只唱主旋律24人38%

问2 ①很好1人0.02%②一般40人63%③糟糕23人36%

问3 ①喜欢7人11%②一般47人73%③不喜欢10人16%

问4 ①学生歌唱音准问题50人78%;

②学生歌唱方法问题27人42%;

③歌唱音色的统一问题35人55%。

其他:

a.教学时间不够,完不成任务6人9%;

b.教材上的合唱歌曲难度大12人19%;

c.在班级合唱教学方面没找到好的办法3人0.05%;

d.学校不重视音乐课,因此教师也不重视1人0.02%。

问5 ①嗓音训练31人48%; ②音准训练50人78%;

③教法研究11人17%;

其他 a.阅读相关书籍或文章1人0.02%;

b.撰写经验论文2人0.03%;

c.制定了1—6年级班级合唱教学计划1人0.02%。

综合以上统计情况可以看出,现在的班级合唱教学的确不理想,教材上的合唱歌曲只是偶尔唱的占了58%,只唱主旋律的占38%,合唱效果一般的达63%,糟糕的达36%,从教师们教学中遇到的困难和学生的学习态度看,阻碍合唱教学的重要因素是歌唱的音准问题。而教师在班级合唱教学方面工作做得最多的也是音准方面的训练。这会不会是小学阶段班级合唱问题多,推进困难,音乐教师不愿上合唱课的主要原因呢?

从小学三年级开始,教材就试图引领学生走进合唱,让学生感受合唱的艺术魅力,增加了一定量的合唱歌曲。但从实际教学和调研情况看,中小学校的班级合唱教学是很不理想的,存在音准差、音色不统一、喊唱、学生厌学等诸多问题,导致班级合唱根本无法“合”,特别是进入中高年级,多声部歌曲根本无法完成,因此,教材上的合唱歌曲大多数被教师删除,或者在教师的“整合”下变成了单声部的齐唱。

忧虑2 学生歌唱音准真的有那么差吗？

班级合唱教学困难，反映出的主要问题似乎在音准上。那么，学生的音准真的那么差吗？一个班级唱不准音的学生比例到底有多大，不妨学生进入一年级时先做个调查，让自己心中有个底。

这是2008年任教一年级学生时做的音准情况摸查统计（方法：唱一首自己熟悉、喜欢的歌）。

年级及比例	①不用伴奏能基本唱准	②能随伴奏基本唱准	③在教师歌声的带领下反复演唱基本唱准	④音准有严重问题	班级人数
2008级1班	9人	16人	22人	8人	55人
所占比例	16%	29%	40%	15%	
2008级2班	8人	16人	15人	11人	50人
所占比例	16%	32%	30%	22%	
2018级3班	7人	17人	18人	10人	52人
所占比例	13%	33%	35%	20%	
……	学生名单(略)				

从表中可以看出，学生的歌唱音准的确不容乐观，特别是歌唱音准有严重问题的④类学生每个班级还不少，有的班级达到了或超过了20%，如果把需要教师反复领唱才能基本唱准的③类一起计入，有的班级音准差的达到了55%。也就是说，如果班级学生是40人，其中有22人是音准较差的学生。看来，学生的音准问题真的值得关注。

为什么在新生入学时做这样的调研？一是了解各个班级每个学生的歌唱真实水平，通过记录，便于课堂上更好地关注每个学生。二是学生的座位安排，分组时人员的搭配需要心中有个依据。更重要的是通过对班级学生的了解，可以有所侧重地在各班设计有针对性的教学计划，以达到学生能在不同阶段人人有进步的目的。

做这样的调研一般会用几节课的时间，不必那么严肃，可以像开一场音乐会，鼓励每个学生都来唱首自己熟悉的歌曲（不用伴奏）。音准好的，在名单后面标记①；歌唱音不准，但如果给予钢琴伴奏基本能唱准，在名单后面标记②；如果给予钢琴伴奏依然唱不准，教师可以带着学生一起唱，甚至可以反复唱几次，如果这时候学生基本能唱准，可以在他们的名单后面标记③；如果在教师的带领下反复演唱依然唱不准的，可以在学生的名单后面标记④。这些记号并非划分等级，也不存在偏见和歧视，而是便于教师记住他们的歌唱能力和问题，同时也便于学期结束时学生再次演唱做结果的比对，看看学生是否有了进步。同时还有一个优点，那就是便于不同类别的学生可以在座位上进行混搭，音准好的带动音准稍差一些的学生一起进步。

忧虑3　什么原因致使学生音准如此差？

为何学生唱不准，是生理问题还是遗传因素，是生活环境的影响还是听觉、习惯、歌唱方法的原因？为了解决这些疑虑。曾在学生家长中做过一次问卷调查，希望从中找到一些影响学生歌唱音准的因素。

问卷内容如下：

描述	选择1	选择2	选择3
1.你的家庭所处环境	农村□	县城区□	市中心城区□
2.父母文化程度	本科及以上□	初、高中□	其他□
3.在家是否能安静听音乐或唱歌	经常□	偶尔□	从不□
4.是否学习一门器乐或声乐	学器乐□	学声乐□	没学□

从调查情况看，学生的音准问题与家庭环境有一定关系，也与学生是否学习一门器乐有一定关系。比如，在生活条件稍好的城镇家庭、父母喜欢音乐的家庭、在学习一门器乐的学生，歌唱音准相对好一些。但又没有绝对联系，比如有一个班级音准好的学生，有好几个家庭环境并不是很理想，有的父母在外务工，家里只有爷爷或奶奶照看；有的家庭很难有意带孩子聆听音乐，孩子也没有学习什么器乐，参加什么艺术培训；有的父母一般不唱歌也不怎么关注音乐，但孩子歌唱能力很强，音准、音色都极佳。

也有的父母很喜欢音乐，也经常带孩子外出观看艺术类节目，但孩子歌唱音准依然较差。还有几个学生在外学习钢琴，但歌唱音准却属于第④类。同时与家长文化程度高低的关系也不是很大。

基于以上的分析，似乎学生音准差真的是先天因素，不准就是不准，没有理由。

不过通过教学实践认真分析和总结，发现还真的没有先天就唱不准、一辈子都唱不准的人。有没有先天因素，有，这个我们要承认，这部分人就是我们口头常说的五音不全者，刚开始你怎么教他都离正确的音高有一定距离，这部分学生所占比例虽然不大，但每个班级都有，有的班级超过10人。如果认真观察，就会发现这部分人有两个共同点：他们要么总是大声唱，听不到别人歌唱的声音，也不管自己唱得是否正确；要么就是不开口，喜欢听，懒得唱。对于这样的学生，纠正音准稍微困难，需要通过视唱练耳长时间熏陶，甚至需要个别辅导、鼓励激发，科学引领，第三类、第四类学生基本属于这类。另外一部分音唱不准的学生，其主要原因是平时听得少、唱得少，有意识关注音高不够，这类学生一般引导他们多听自己的演唱，多听同学的演唱。还有一部分音唱不准的原因是歌唱方法不对，大声喊唱或过于轻声导致低位置歌唱，因而音不准。还有就是孩子年龄小，声带稚嫩这一特殊生理因素所致，比如一年级的学生，他们一般都在六岁左右，因此有的学生在中音区还可以，到了一定音域就找不到音高了，因此歌唱音准不稳定，容易走音等等。

虽然班级歌唱我们不得不面对那些音不准的学生，但如果方法得当，班级里多数的学生是可以逐渐唱准唱好的，有些悟性高的学生会很快找到音高，比如一年左右时间甚至更快，有的学生需要的时间稍长一些，比如两年甚至更长些的时间。有些班级音准好的学生到了三年级能超过85%，有了这些音准较好的学生的带动，班级歌唱特别是班级合唱，是能实现较为理想的效果的。

第二节 班级合唱，我们应该注意些什么

1. 正确认识班级合唱与专业合唱

要做好班级合唱，我们首先要清楚班级合唱指的什么。这原本是不需回答的问题，因为如果用直观些的语言表达，那就是指原生态的一个班级学生的合唱，即不管学生音准如何、音色如何、综合素养如何，学生一个都不能少的合唱。它由班级为团队，由普通的孩子组成。

但很多时候，我们发现各级部门组织的班级合唱比赛却并非以一个班级的学生为单元，为了取得好的成绩，一般推选的合唱队大多由校合唱团替代，是组织者对词意的混淆还是有意，我们暂且不讨论。但要清楚，这里所说的班级合

唱就是实实在在的一个班级的合唱,这个合唱团队包含班级的每一个学生,当然包括那些怎么努力都难唱准音的孩子们。

从另一个角度看,班级合唱具体指向的是音乐课堂,而非专业团队。教学时间在课堂,演唱曲目以教材为主,学生嗓音条件不受限制。

从这个角度看,班级合唱对音乐教师来说的确是一个挑战。因为大家都知道,要带好一个专业合唱团都有许多的困难,何况一个班级的合唱。合唱团(不管是校级还是其他)成员都是从众多学生中挑选出的佼佼者,他们有较好音色、乐感、音准、表现能力,这些学生相对来说各方面素养会比较好,而一个班级的学生素养参差不齐,要做好班级合唱,的确需要策略和功夫。

曾有教师说,新接手一个班级,如果前任教师没做好引导,听学生唱歌简直就是折磨,特别是唱合唱作品,太闹心了,课堂完全不是享受,是痛苦。

但如果换个角度去认识班级合唱:不用唱太复杂的作品;不用要求每一个学生对作品的表达都做到十分准确完美;允许有那么一些不和谐的声音;允许歌唱有些瑕疵;演唱基本和谐就好;学生乐学就好……也许,我们内心会轻松许多,我们的学生也会快乐许多,我们的音乐教育也许会更有价值。

班级合唱不是技术、不是表演,是师生、生生的合作、分享、享受、体验、互动产生的共鸣,它是艺术。艺术与技术的区别在哪里,技术更多是模仿,缺的是创新,而艺术是想象,它能引起人的思想和情感活动,从而产生生动、具体、可感的人物和事物形象,提供审美的情境和意境。

只有认识到班级合唱教学的特殊性,才能把握教学的方向和程度,才不会像对待专业团队一样过高要求学生,才不会让中小学音乐课堂变成学生并不喜欢的技术训练场所,歌唱与合唱,才会成为学生的喜爱与向往。

不管怎么讲,歌唱教学(含班级合唱)始终是音乐审美教育最生动、最感人,也是最普及的艺术形式之一。如今的音乐基础教育不管如何改革,声带这个人人自带的乐器,还是最具有简单易行的艺术表现力的,因此班级合唱在基础教育阶段不可或缺。

2.找到班级合唱教学的侧重点

那么,是不是班级合唱与专业合唱不同,在班组合唱时我们就可以教学随意,放任自流,让其自由发展,最后自生自灭呢?

不是!

班级合唱看起来困难重重，似乎要唱好根本不可能，但实际并非如此。

“在匈牙利，一个和印第安纳州一般大小的国家，有着一千万的人口，却拥有八百多个音乐会唱诗班，其中五十个处于世界一流的水平，另外有一百个活跃在电台或者公共演出场所。”（洛伊斯·乔克西）

在匈牙利，音乐会大厅常座无虚席。为什么一个小小的国家歌唱如此普及，水平如此高，其中有一个人物我们不得不了解，那就是匈牙利的著名作曲家、音乐教育家佐尔坦·柯达伊，他的教育思想以及探索出的可以实际操作的教学法，让匈牙利的普通音乐教育有了高品质的成果。

那么，班级合唱什么最重要呢？这是做音乐教师首先要自问的，因为只有弄明白了，找到了重难点，教学才张弛有度。关于班级合唱教学什么最重要，有人说是兴趣培养；有人说是嗓音训练；有人说是视唱练耳；有人说是教学方法；有人说是教师驾驭课堂的能力……要做好班级合唱，其实这些方面都重要，但是，如果我们真的什么都顾及，都作为重点去抓，那其实便是没了重点，教学也会陷入苦累并且收效甚微。

如果单从合唱训练的角度看，嗓音训练、儿童教学法、合唱指挥、视唱练耳等都很重要，如果是专业团体，嗓音训练、视唱练耳、歌唱表现更为重要，但如果是一般的班级合唱，什么最重要呢？从技术层面看，学生的歌唱音准很重要；从表现层面看，合唱作品的选择与学生的歌唱兴趣也重要。

为什么说学生歌唱音准重要。因为音不准，歌声便失去了美感，所有的表达也就成了一幅苍白的空架子，一种作秀的表演。也许学生可以快乐，但这样的快乐是浅层次的，他们享受不到音乐艺术真正的美。

为什么说合唱作品的选择也很重要？因为班级合唱毕竟不是专业团体的合唱，因此在作品的选择上要先从旋律简单、歌词简单的作品入手，特别是在小学低段，最好选择民间音乐作品（本土音乐为佳），这些音乐一般是五声音阶，容易唱、容易学，也容易进行和声的改编，哪怕一首童谣，都可以开展和声的体验，让学生找到合唱的快乐，体验成功的喜悦。因此，在小学阶段，班级合唱一定是循序渐进有计划逐步深入的。因此合唱作品的选择也是由浅入深，从简单的单声部作品到简单的伴唱再到轮唱，直至二声部、三声部的合唱等，让学生对每一首合唱作品都充满自信，愿意去歌唱，有能力去歌唱，内心能自信歌唱，这对于班级合唱教学来说很重要。学习是循序渐进的过程,并不是到了某个年级,突然就让学生进入高难度的合唱。

关注合唱音准,关注合唱作品是否适宜各阶段学生的歌唱能力,这是班级合唱教学应侧重的两个点,但又不可作为唯一。因为班级合唱教学虽然音准与作品的选择是应重点关注的“点”,但教学的“度”与“趣”却是达到目标的核心支撑力,这些又都是不可割舍的。

3.合唱教学更应遵循“有序”

做什么都讲究序,这里的序指顺序,没有序,想到哪讲到哪,教学注定是低效的,班级合唱教学更是如此。就像建一座楼,基础如何打,楼层如何砌,房顶如何建都得有个规划,特别是基层如何砌牢固,如何合理支撑上层的力量,这很重要,这样搭起来的房屋才不会倒塌。为什么到了中高年级教师感到合唱教学困难,就是因为没有序,因为没序,导致基础不牢,在这个基础上想去建理想的房屋(想唱出理想的声音)那显然是不可能的。

有教师说,“当我意识到学生进入高段都不能唱合唱的时候,我便每节课都要求学生唱音阶、识谱、唱曲,有时候还进行一些视唱练耳的活动,希望实现高质量的合唱目标。”但常常心想事不成,有时候付出了许多的努力,效果依然不理想,并且学生不喜欢,常感到学习无趣,甚至厌学。于是,教师自己也没了积极性,就干脆不再做了,让学生想唱什么唱什么,想玩什么玩什么,反正把教材歌曲唱几遍就行,把欣赏作品听完就行,合唱不行,就唱单声部,单声部唱不准,就听,这便是无序造成的。

很多教师对于小学生是否唱曲谱,特别是低段的学生是否唱曲谱各有争议,对于这样的争议我一直是不置可否的。我一直以为进入小学阶段,学生不但要唱曲谱,还要唱好,唱出韵味,最好还能写一写,不要让识谱教学神秘化、高深化,要让读谱和记谱就像说话和写字一样简单。我们不必回避这个问题,因为学音乐不会唱曲谱,就像自己不会说话一样艰难,别一说起培养学生创新意识、审美意识、综合素养就觉得与读谱无关,其实,曲谱就是最好的歌,最有韵味的声,它是进入音乐的必经之路,如果经过几年的学习,学生一看到乐谱就能想到音高,就能唱出歌词,这对歌唱与欣赏、编创与活动将是多么有益的事,为什么要避开这些空谈音乐教育?

《课标》为什么没有过多强调读谱,为什么反复强调歌唱教学最好从整体体验、感知入手，是因为怕大家走另一个极端：一说到读谱，就变成枯燥机械地反复演唱，强制记忆，失去其音乐性。唱曲谱只要方法得当，找到了循序渐进的学习规律，学习并非想象中的那么难，也非想象中的那么无趣。

比如节奏，节奏是音乐的骨架，在歌唱教学中，读节奏谱是很重要的一个内容。但是，是不是看到什么歌曲就读什么节奏那么简单呢？也不是，掌握节奏也要遵循循序渐进的原则，小学阶段一般要掌握的节奏型大致有这些：四分节奏、八分节奏、二分节奏、十六分节奏、切分节奏、附点节奏、全音符、三连音等。

这些节奏尽量在1—3年级内熟练掌握为好，那么，这些节奏型的学习顺序又该如何排序呢？不妨这样来思考和计划。

年级	主要内容	对应节奏	第一学期	第二学期
1年级	四分节奏 八分节奏 二分音符	X　XX　X　–	X　XX	0　X –
2年级	十六分节奏 八分休止符 全音符	XXXX　XXX　XXX　0 X　X 0 X – – –	XXXX　XXX XXX	0 X　X 0 X – – –
3年级	切分节奏 附点节奏 三连音	XXX　X X X　X X· XX·　X·X　X·X　XXX(3)	XXX　X X X X X·　XX·	X·X　X·X XXX(3)

因为四分节奏与人们行走的速度最接近，因此学习节奏型，首先应从四分节奏入手，包括四分休止符，然后是八分节奏、二分节奏，根据学生年龄特点和认知规律有序地学习，学生才不会感到无趣和困难。

但仅确定每学年的内容还不够，最好是每个学期重点学习什么都有个计划，每节课达到什么目标也有计划。比如一年级上期，重点学习四分节奏和八分节奏，下学期在已有基础上继续学习四分休止符和二分节奏，这样一看，学习内容并不多，也挺简单。但是，要真正掌握却并非那么容易，需要教师的智慧，比如用四分节奏进行稳定拍子的练习，就需要每节课都不间断练习，并且还要不断变化形式，让学生既体会到稳定的节拍与速度，还要感受音乐的韵味，主动参与。别小看这一个学期的三五个节奏，掌握好了，学生的音乐表现能力可不小。

二年级要掌握的十六分节奏、八分休止符和全音符，这些节奏型其实挺难，比如前十六分节奏和后十六分节奏、弱起节奏等等，只有通过多形式的变化组合，多形式的参与体验，赋予这些节奏音乐性，学习才有价值。

到了三年级，切分节奏就更有韵味了，这个节奏并不难，但如果没有一、二年级学习的节奏支撑，单学这个节奏，那也是极其无趣的。因此，一、二年级打下好的基础就尤为重要，学生对所学节奏运用自如，就可以进行许多有趣的编创和表达，越到高年级音乐学习就越愉悦有趣。

旋律的学习也是如此，同样分年级确定重点掌握的内容。比如，一年级主要演唱五声音阶“do”“re”“mi”“sol”“la”；二年级开始学唱“fa”和“ti”以及“do”“re”，低音的“ti”“la”；到三年级，开始半音的演唱，如：

年级	学习内容	对应的练唱	
		第一学期	第二学期
一年级	do、re、mi、sol、la	练唱小三度：m–s、s–m	练唱大二度：l–s、s–l、m–r、r–m、r–d、d–r
二年级	fa、ti、do、re、ti、la	练唱大二度：s–f、f–s、t–l、l–t、练唱纯四度：f–d、d–f、s–r、r–s、l–m、m–l	认识高音do′、re′、ti、la 带高低音的纯四度练唱：d′–s、s–d′、l′–r、r′–l、m–t、t–m
三年级	半音练唱以及其他音程练唱	练唱三度、五度： d′–l、t–s、l–f、s–m、f–r……然后上行练唱 练唱五度音程：d′–s、l–r、s–d……然后上行演唱	半音练唱、六度、七度、八度音程练唱

从表中可以看出，歌唱音准的练习是从五声音阶开始的，到二年级才开始唱“fa”“ti”以及高音的“do”“re”，低音的“ti”“la”，先从小三度开始，然后是大二度、小四度，最后才是大三度、五度、六度、八度，最后是半音练习。

从歌唱音程的排列顺序看，演唱也是从高往低唱的，比如“sol”和“mi”，演唱顺序是先“sol”–“mi”，然后才唱“mi”–“sol”。当然，也可以单独进行一定量的练唱，以学生能接收并喜欢为基础，学生厌倦了练唱方式，就要及时调整改变，比如引导学生结合本学期学习的节奏或者已掌握的节奏进行即兴编创，然后再根据编创进行练唱等。

需要强调的是，所有的旋律视唱每节课不要超过十分钟，最好是在游戏活动中学习，比如用节奏或旋律进行师生接龙游戏、师生对话游戏、边走边唱游戏等。教师的重要任务就是用好自己的耳朵，用好自己的双手，要能辨别学生是否唱准，如果不准，应及时弹奏钢琴提示他们调性与音准。

大家各司其职，合唱就不会孤立。节奏、旋律、和声的练唱，就会成为学生歌唱特别是合唱强有力的支撑。

4.跟随与独唱，对音准差的学生有帮助

歌唱教学时我们发现一个很有意思的现象，有些学生在班级合唱时音不准，并且很不准，要么高几度，要么低几度，但是，如果让他跟随教师一起唱，音准问题却不大，这部分学生就是前面提到的③④类学生，解决这类学生的音准问题，就是多给他们独唱或几个人齐唱的机会，让他们有意识地主动聆听自己的声音，找歌唱的感觉。如果音乐课堂上忽略这部分学生的歌唱，总是全班齐唱再齐唱，他们的进步是很慢的。

也许我们会困惑，课堂时间那么短，教学内容那么多，每个学生都需要发展，我们哪有更多时间给这些学生独唱或者小合唱？是的，这是比较难取舍的，但是，只要我们稍微用心一些，就会发现这根本就不是问题。比如，当学生演唱完一首歌曲，不妨抽一两个学生来独唱一下，一个片段就行，不必唱完一首完整的歌曲，而这一两个学生，不是唱得最好的那些学生，而是那些没有唱准的学生，因此这就需要教师用心聆听和平时对学生的了解了。如果教师任教班级多，对学生的情况不能完全记住，那么，每学期结束对学生歌唱的检测记载就很重要了。上课前翻翻学生名册，看看哪些学生还存在问题，思考这节课应关注哪些学生，那么上课时教师心里就有底了，教学时教师就有针对性。当然，这是在一个班级歌唱能力都比较好的情况下，对于有些班级的学生，教师不需要翻看记录，通过学生课堂上的表现、表情、声音，很快就能知道哪些学生歌唱还存在问题。

对于这部分学生，一定要给予他们一些独唱的机会，不管是唱词还是唱乐谱。一开始他们可能唱不准，甚至与正确音高相差较大，这时，最好的办法就是教师和他们一起唱，把他们带到准确的音高位置上来，然后让他们再独唱一次。

当这部分学生在教师的带领下基本唱准后，还可以请几个歌唱音准较好的学生来带他们唱。在这时的小合唱或者齐唱中，他们更能听到自己的声音，也更能感受到准确的音高。经过这样简单的长时间跟随、关注、表达，一般一年左右的时间，他们的歌唱音准是会有改变的。

特别是在小学一、二年级，教师一定要关注和帮助这样的学生。比如，全班一起学会一段曲谱或歌词后，就可以开始鼓励学生一对一结对演唱。他们面对面、手拉手，根据音高的变化来歌唱，那些音准意识薄弱的学生在音准较好的学生带动下会有进步。教师同时要求他们不但要聆听自己的声音，也要听同伴的声音，如果对方音不准，要及时指出并和他们一起再反复唱，直到唱准为止。

当然，学生结对也是有智慧的，比如①与③类或①与④类学生结合，②与③类学生结合等等，千万不要④与④类学生结合，或者③与③类学生结合，因为他们走到一起，唱起来就更不准了。因此，独唱与结对唱，需要教师的智慧，更需要平时养成好的习惯。比如，如何结对，如何互相帮助、如何聆听他人的演唱都应在教学前形成规则，学生应提前知晓。

对于歌唱音准较差、很难找到音高的④类学生，课后教师还可以留一点儿时间给他们单独再唱唱，教师多用声音带一带，或者指导他们用自己肢体的舒展、手势等形体的变化寻找音高，比如歌唱音高比实际音低了，教师可以牵着他的双手慢慢上举并和他一起从能唱准的那个音高开始找音，体会音高的变化。如果演唱的音比实际音高了，就牵着他的手和他一起慢慢下蹲，从他唱的那个音高开始找下行的音高。经过体验后，会发现学生跟随教师唱比跟随钢琴伴奏唱更容易唱准。

第三节　班级合唱，我们可以做些什么

1.每节课唱唱音阶

唱音阶，这似乎是老掉牙且毫无新意的一个话题，但我想说，这是一个很有意思的话题。每节课抽出一点儿时间唱唱音阶（最好是放在开课前几分钟），学生的音准问题是可以逐渐得到改变的，坚持下去，就会看到学生一天天地进步，一年年地不同。

那么，唱音阶是否就是日复一日从低到高重复唱C大调自然音阶呢？不

是。低段可以从C大调自然音阶开始唱，到中高段，就要逐步引导学生唱各大小调式音阶或者多利亚调式音阶了。通过这样的训练，学生不但能找到音高，还能感受到调式的变化，这对音乐风格的把握也是很有好处的。在唱好各调式音阶的基础上，再唱和声音程。这时学生更容易找到音高。

比如，先唱自然C大调音阶。

C大调音阶：　C　D　E　F　G　A　B　C

再唱有升记号的音阶(用固定唱名法)。

G大调音阶：　G　A　B　C　D　E　#F　G

D大调音阶：　D　E　#F　G　A　B　#C　D

A大调音阶：　A　B　#C　D　E　#F　#G　A

e小调音阶：　b　c　d　e　#f　g　a　b

多利亚调式音阶：D　E　F　G　A　B　C　D

多利亚调式音阶关系为全-半-全-全-全-半-全，因此，若以D为主音，其音阶：C　D　♭E　F　G　A　♭B　C

逐渐融入降记号音阶的演唱。

F大调音阶：F　G　A　♭B　C　D　E　F

♭B大调音阶：♭B　C　D　♭E　F　G　A　♭B

♭E大调音阶：♭E　F　G　♭A　♭B　C　D　♭E

学生唱音程或音阶，教师最好用钢琴上的和弦帮帮学生，为什么用和弦而不是弹单音？因为完整的和声会给学生稳定的调式感，使他们更容易找到音高。当学生会听音，有了调式感，他们会更容易找准音。学生能稳定、准确地唱音了，这时再慢慢脱离钢琴的帮助，让他们做无伴奏歌唱。特别是标准音“la”(C大调音阶音高位置)，每节课都要引导学生唱一唱，力求达到不用琴声提示随口都能准确哼出标准音的目标。

2. 帮助学生放松身体

帮助学生放松身体，可以试试从游戏开始：

	拍号							
师	$\frac{2}{4}$	0 0	0 0	ho ho ha	0 0	wu↗ ya↘	0 0	……
生	$\frac{2}{4}$	0 0	0 0	0 0	ho ho ha	0 0	ya↗ ya↘	……
师生走步	$\frac{2}{4}$	X X	X X	X X	X X	X X	X X	……

边走边模仿教师用歌唱的方法说音节，用说的方法导出高位置的歌唱音色，自然表达，放松身体唱。

这个游戏很简单，就是模仿与跟随，可以模仿教师拍击节奏，模仿教师说音节，在走走说说中体验音高与音色。但要注意一点，就是脚步不能乱，要稳定和自然，在稳定的脚步声中模仿教师拍击的节奏和声音，这既是恒定拍子的练习，同时也可以作为放松身体的练习，从模仿教师的节奏和声音开始，逐渐过渡到由学生来领导，教师观察、鼓励。学生边走边观察、模仿、演唱，身体是容易放松的。

学生音不准与他们身体是否放松了也有关系，身体紧张放不开，歌唱也容易紧张，导致找不到音高。就这一点来说，班级合唱教学中儿童教学法也很重要。例：教师批评打压，学生不敢唱；教师给予鼓励，孩子身体放松，歌唱能力得到发展。打开身体，放松身体，更容易唱准唱好音。

至于如何放松，体育课上一定有专业的学习，比如轻轻晃动颈部、肩部、手部、腿部，微笑着微微张开嘴，放松舌头、喉部……学生可以在教师的语言暗示下自己体验放松的感觉，也可以两个学生一组分别用双手协助对方，比如锤锤对方的肩膀，按摩对方的手臂，让彼此完全处于舒适放松的状态等等。

还有一种放松方式最简单也最有效，那就是教师对学生的爱，教师微笑的眼神，鼓励幽默的话语等。学生无拘无束，身体自然会放松。

但表面的放松还不够，还需要智慧的活动引领，比如初练放松身体时，双手放在胸前然后突然放松下垂，同时用歌唱的感觉发出叹息的声音："哎——"然后不断变化音高，用"哎"的音色体验放松的呼与吸。

在进行歌曲教学时，同样可以从放松身体开始，比如演唱歌曲前，引导学生先做无声的节奏游戏，体验稳定的速度。学生可以在自己身上拍节奏，也可以两两结对，或者围成圆圈，相邻的同学互相拍打肩、臂膀等，边听音乐边感受稳定的节拍。

只有身体放松了，才可以更好地打开歌唱的口腔，口腔自然打开了，学生歌唱与表达才会更美，音准也才会更好。学生的音不准，有一部分因素来自学生的情绪和歌唱专注度，他们能积极主动地专注歌唱，音准问题就会慢慢得到解决。如果紧张，不喜欢音乐课，他们就会放不开，他们就不想唱，更不会去积极体验，没有积极体验，学习就不会真正发生。

3. 引导学生统一音色，习惯高位置歌唱

关于学生的音色，一些教师可能对此并没有给予多大的重视，我听过一些随堂课，发现一些班级学生的歌唱可谓十分“随性”，这里的“随性”指的是学生全力喊唱，甚至声嘶力竭，教师居然充耳不闻。不知是教师听不见还是不想听见，或者觉得这原本就是很好的唱法？

听到学生们这样的歌声我是十分担忧的，担忧这样唱下去有一天嗓子就吼坏了，担忧我们的教师长期浸泡在这样的噪音中耳朵会变聋。我有时想，教师的耳朵也许真的被震聋了呢，已听不到声音，辨不出好坏了。

关于歌唱音色，有教师认为小声、轻声唱好；有教师认为有气息支撑的自然歌唱好；有教师认为有气息支撑的高位置歌唱更好。的确如此，小学生的歌唱音色以自然歌唱为基础那是不容置疑的，但自然歌唱就是想怎么唱就怎么唱，想大声喊就大声喊，喊够了想小声唱就小声唱？那显然不是的，自然歌唱也是需要科学的方法支撑的。

但一说到方法，也许有人就觉得深奥了，觉得不适合给小学阶段的学生讲。而恰恰相反，小学阶段的学生更要懂方法，更要知道自己的歌唱声音位置应该在哪，气息应该在哪，如何进行声音位置与气息的连接等等。只有有了科学的歌唱方法，音色才会变美，音准才会更好，没有统一的、较好的歌唱音色，歌声是难听的，和声是不协调的。

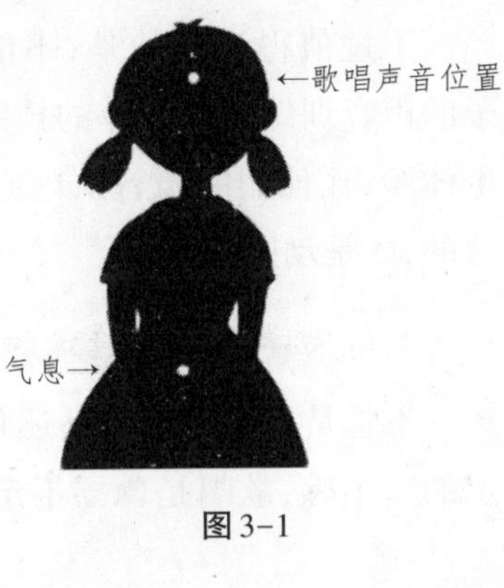

图 3-1

我们来看图 3-1。

关注这两个点，一个在眉心，一个在丹田，眉心即歌唱声音位置，丹田即支撑声音的气息位置。教师引导学生看图，然后请学生自己想象。

教师把歌唱位置确定为眉心比告诉学生声音在鼻梁上方更容易让学生找到高位置歌唱的感觉,也更容易放松喉咙歌唱,如果没有具体的歌唱方法引领,学生的声音就会挤压在嗓子,更容易出现喊唱。

让学生去找这样的点刚开始也许是有困难的,但教师要鼓励他们不断地探索、想象,用意念感知,然后随着意念去寻找,最开始体验时一定要引导学生轻声唱,轻声地找歌唱的声音位置、呼吸的位置和力度,最后认真聆听自己歌唱的声音、同学的声音、教师的声音,辨别什么是好的音色。

掌握正确的歌唱方法并不是一蹴而就的,多实践揣摩,慢慢就找到了。对小学生来说更是如此,他们声带稚嫩,方法不对时声带会受伤,因此,在歌唱音色的调整上教师一定要谨慎,自己心中先要有正确的歌唱方法,然后用语言和图示来暗示。当然,教师的歌唱示范也很重要,学生的辨别能力更重要。

对于呼吸,刚开始学生很难找到呼吸点,气息沉不下去,当呼吸搭上后,如何调整音色也是很重要的。我常给学生说的是:"来,让我们的轴轮转起来。"意思是歌唱时气息支持声音,就像转动的轴轮,连贯而有支撑力。"不要让链条断掉",也就是歌唱时不要忘记用气息支撑歌唱,不需要换气的地方哪怕是跳音、为了情感的表达需要断开的音,都要做到声断气连,这样的歌唱才好听。

就像右面这幅图,高位置歌唱要与气息形成连接,下面的气息要有支撑点,歌唱与气息像运动着的轴轮,气息支撑声音滚动,声音带动气息自然运转,这样的声音听起来才美。

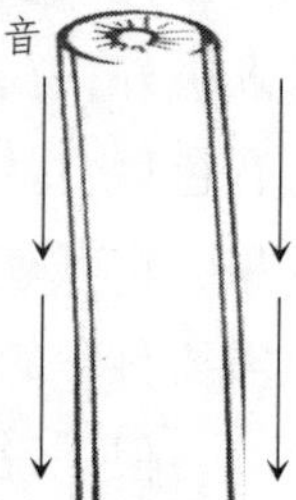

图3-2

歌唱音色可以根据歌曲风格来决定,唱具有中国特色的民歌,音色就可以靠前一些,用较为实一些的音色演唱,这样更能体现地方特色,唱出音乐的韵味。

不过值得注意的是,不能因为这样那样的方法,把孩子的声音训练搞成专业的技能训练,教师一定要通过学生感兴趣的方法引导学生体验,让他们的声音从内心富有激情地自然唱出来,这样的歌声才是有感染力的,才是动听的。

4.帮助学生找到稳定的拍感

不管是演唱声乐作品还是说节奏、唱旋律,稳定的节拍感十分重要,没有稳定的节拍感,歌唱是飘摇不定的,如果有和声,其和声也会错乱不和谐,学生的内心更会急躁不安定。学生内心节拍稳定，歌唱才会自信。

做稳定的节拍感练习，形式多样，可以用身体表达，可以借用打击乐器体验。也可以不用任何动作，只通过聆听训练内心稳定的节拍感等。

最开始练习时可以让学生先做，然后教师来帮忙，慢慢过渡到学生独立稳定地自由表达。

例：歌曲《打花巴掌》开始部分的词，节奏明快，有趣味。

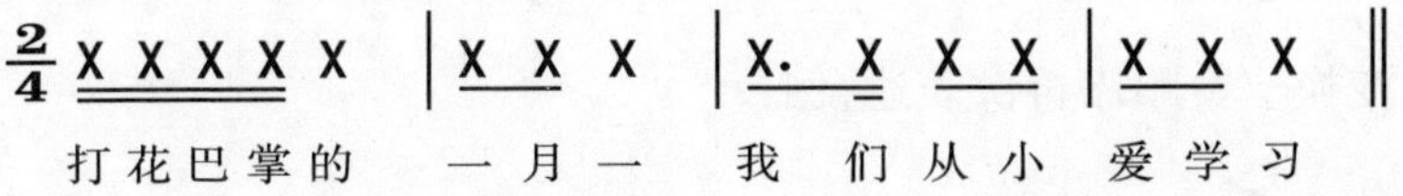

刚开始练习时，我发现学生对这段节奏似乎比较有感觉，因为在教师的教授下，学生跟着说特别流畅，加上反复聆听演唱，学生对这段节奏的表达没有留下一点儿问题。但是课后让学生看着谱子再说一次，居然很多学生结结巴巴说不正确，让他们不看节奏谱说，学生又没问题，很流畅，像说顺口溜一般，也的确，真的说成了顺口溜，但这些节奏是没有在学生心中留下痕迹的。

如果这样的教法坚持下去，也许一时半会儿看不出什么问题，也似乎没有问题，因为学生会说，也说得正确。但时间久了，就会发现：离开了教师，他们无所适从，不知道怎么办。如果学生知道自己练习的内容，并形成稳定良好的拍感，离开教师，这些节奏他们也是可以自己表达的。那么，教师该怎么办呢？方法很多，比如可以在教法上改变，让学生先学，然后教师再帮助。

例如，练习下面这些节奏，教师不要急于教他们，而应让他们先自己练习，找找稳定的节拍。

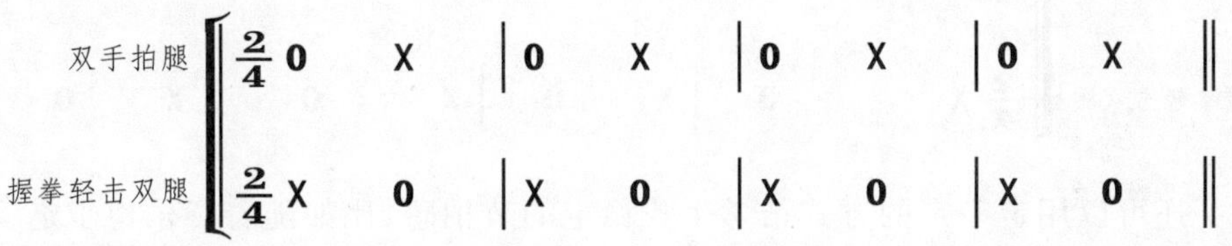

待到节拍稳定后，教师给他们一段节奏，让他们试试在稳定的节拍中说出节奏。例：

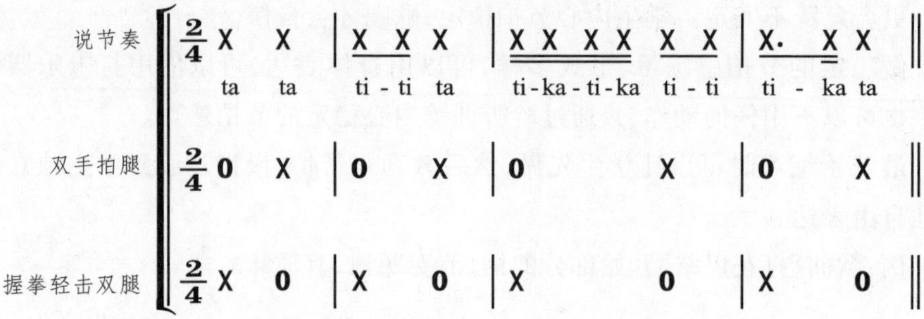

然后变换节奏顺序再次表达，例：

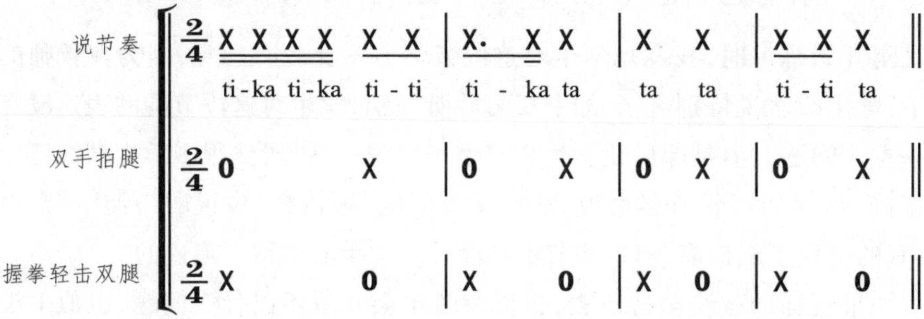

（后略）

当学生可以自由表达后，把说的节奏变成歌曲中的片段去体验。例：

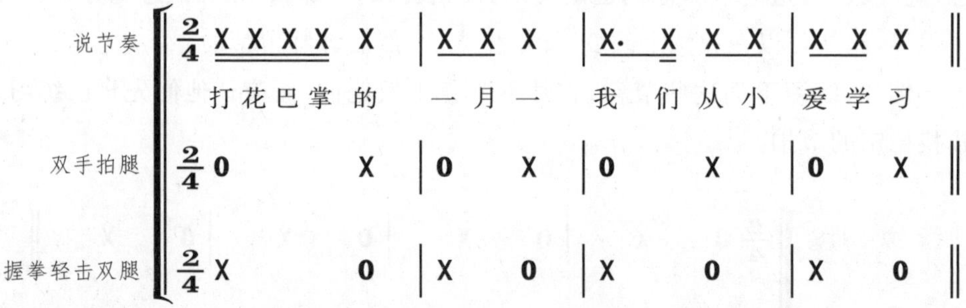

还可以用走一走的方式帮学生找稳定的节拍感，比如随着音乐稳步走、聆听节奏用稳定的声势表达、律动表达等。不管是节奏还是歌唱，从模仿到自己独立完成需要教师的细致引导，并且是慢速引导。特别是练唱曲谱。因为音乐原本就是由旋律而成，没有流动的旋律，没有旋律高低强弱的变化，就没有歌唱的美，因此在演唱曲谱时，教师要引导学生通过旋律的强弱、高低变化唱出情感，唱出音乐的韵味。

帮学生找稳定的节拍感，要让学生自己先体验，如果遇到困难，教师才开始帮学生。这样的体验过程，虽然用的时间可能会多一些，但长期坚持，越到后来学生就越能离开教师独立表达，创新才成为可能。

5.从一年级开始介入和声

一说合唱就怕，是因为我们把合唱想复杂了，以为必须唱支部或复调等多声部旋律作品才叫合唱，其实合唱并非那么难，特别是班级合唱，重在简单的体验。从小学一年级开始完全可以带领学生体验。比如一段童谣、一首小首、一段歌词，这些都是可以成为和声的。当然，和声既可以是身体各部位发出的音响，也可以是通过嗓音发出的和谐音响，还可以是器乐发出的不同节奏或音高的和谐音响……和声蕴含的内容广泛，要唱好合唱，可以先从和声体验开始，有了和声的体验，合唱时学生才会更容易找到感觉。

例如四川童谣《黄丝蚂蚂》节奏就十分简单，歌词也很有趣，四川当地孩子一般观察蚂蚁并呼唤它们出来玩时会这样说。

$\frac{2}{4}$ |: X X X X | X X :|

黄	丝	黄	丝	蚂	蚂
请	你	出	来	要	要
坐	的	坐	的	轿	轿（轿子的意思）
骑	的	骑	的	马	马

……

这首童谣节奏简单，就是“X X X X | X X |”不断重复，因此学生可以按节奏读歌词，编创声势，进行卡农游戏等，从中感受和声的美。

教学时，学生围成两个圈（基础好的可以三圈甚至四圈）手牵手，从最外圈开始按稳定的拍子边走边说，第二小节时第二圈进入，如果有第三圈、第四圈，那就依次渐进，形成和声。如：第1—2小节往圈里走四步；第3—4小节往后退四步；第5—6小节分别左右靠步一次；第7小节第一拍拍手，第二拍不动；第8小节跺脚，“X X X”结束。

当学生能熟练用卡农的方式游戏，就可以加一点儿音高在里面让学生感受合唱了，例：

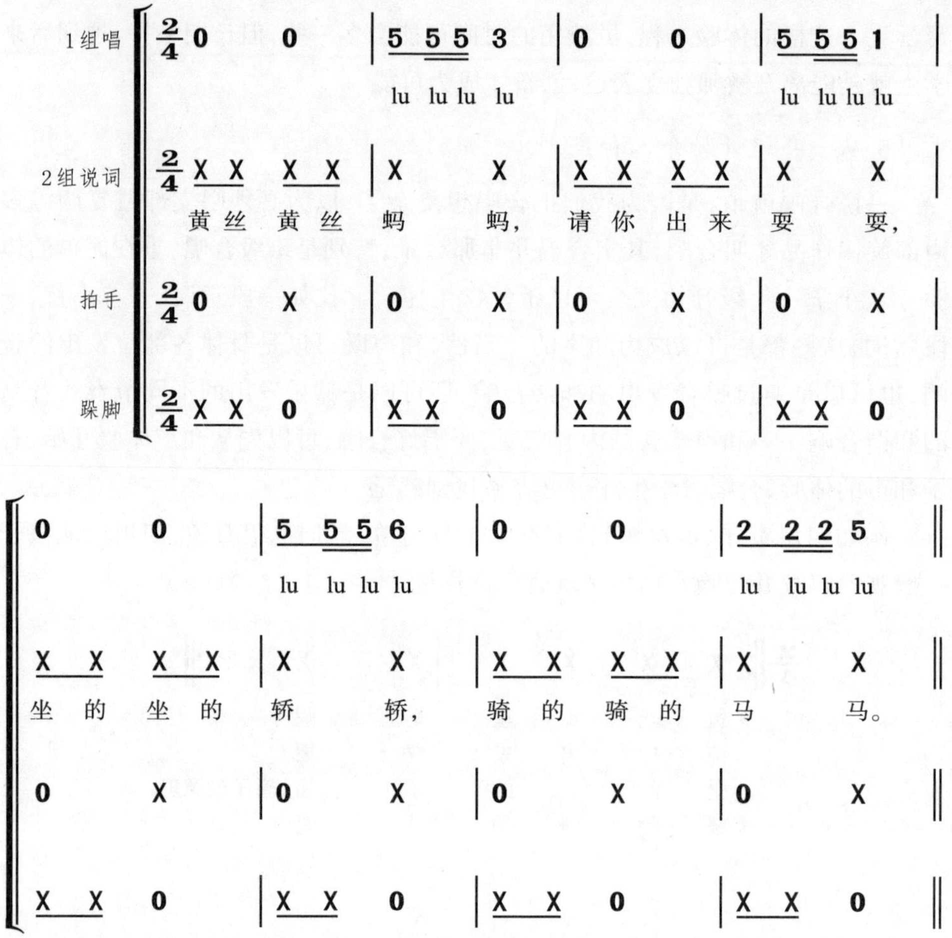

乃 哟 乃

1=D $\frac{2}{4}$ 土家族民歌

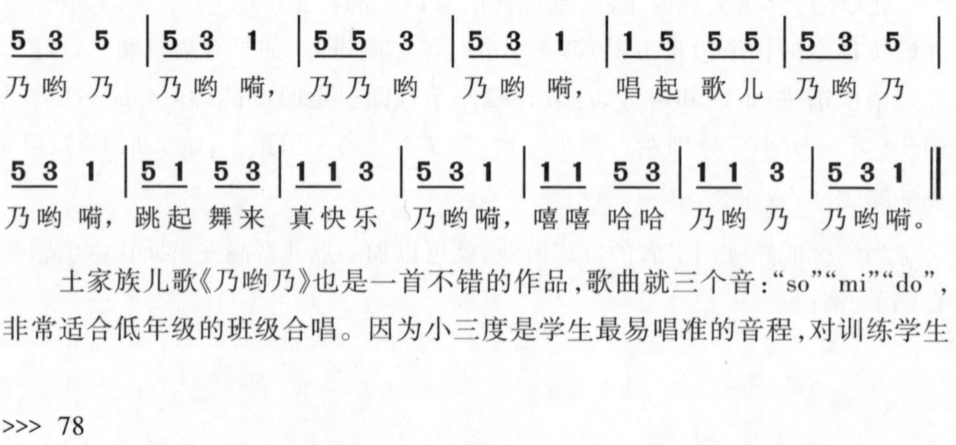

土家族儿歌《乃哟乃》也是一首不错的作品，歌曲就三个音："so""mi""do"，非常适合低年级的班级合唱。因为小三度是学生最易唱准的音程，对训练学生

的音准很有帮助，如果加上一个简单的和声，对于低年级的学生来说也是不错的体验。如：

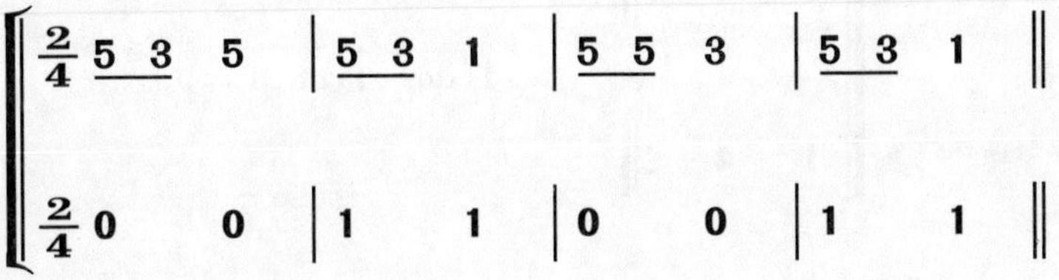

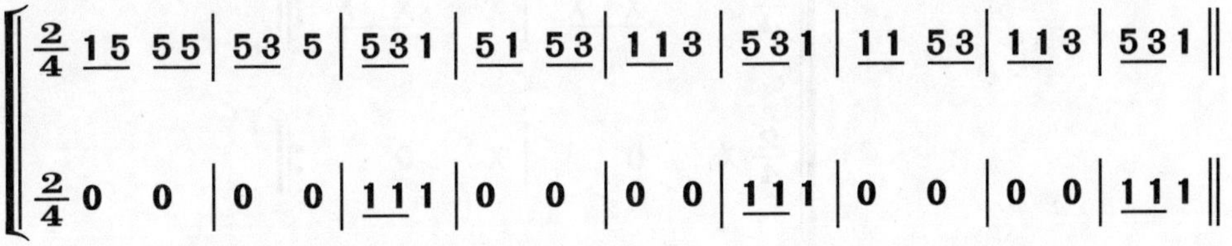

即兴编创的声势也可以成为很好的和声，比如对于歌曲《布娃娃和小熊跳舞》，学生就即兴编创了这些声势。

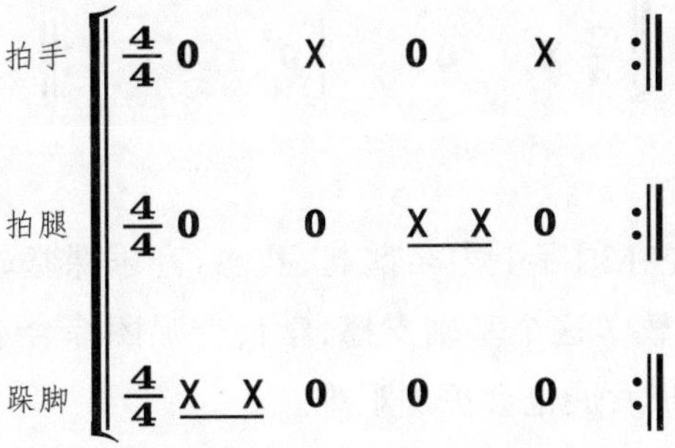

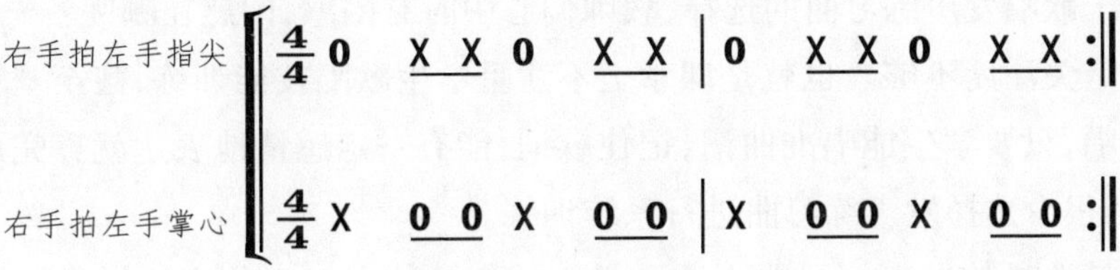

学生把自己即兴编创的节奏教给其他同学，然后共同完成和声。教师播放音乐，学生在音乐声中感悟、体验和声的美。有条件的学校，还可以用音条琴与打击乐器感受体验。例：

高音木琴、中音木琴,演奏主题旋律。

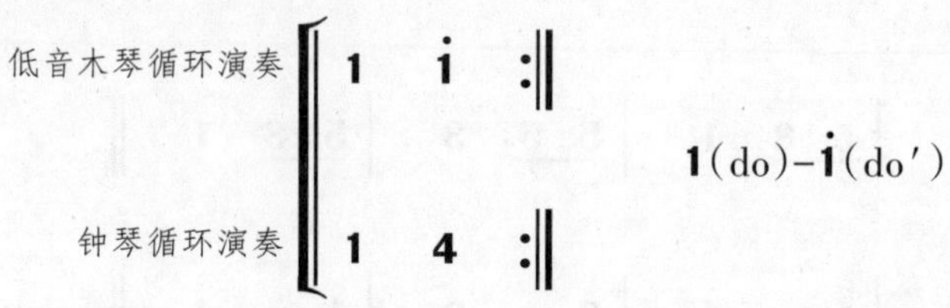

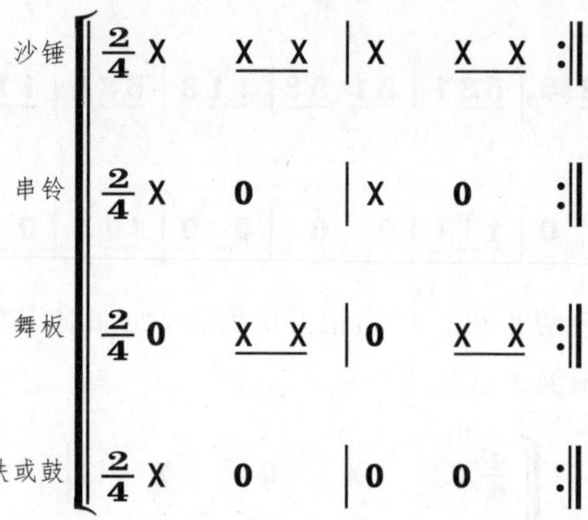

我国的童声合唱已经在国际上声名鹊起,我想,音乐课堂教学越来越规范也是重要原因,没有课堂教学这个基础支撑,学校合唱团综合素养就很难提高水平,合唱团队要想进一步发展也会更加艰难。

6.灵活选择发声练习曲

关于歌唱发声练习曲的选择,教师们心中时有困惑,困惑在哪呢?

一是关注度不够。也就是课堂上不注重学生歌唱技能训练,甚至基本不讲怎么歌唱,只要学生能唱准曲谱,记住歌词,能有一定感情地表达就算完成了教学任务,很少选择发声练习曲进行系统训练。

二是选择的发声练习曲不适合学生的年龄特点。为什么这样讲?记得刚开始工作时,我自己会把专业学校所学发声练习曲移植到小学课堂,在每节课开始时进行很成人化的发声练习,持续几分钟甚至十几分钟。在我的严格要求下,学生经过大量严苛练习,乍一看,音色是好了许多,远远听去,还像那么回事,但走进一听,就会发现很多学生是有口无心地在唱,音色虚空,内心不喜欢……

三是教材推荐的练声曲目略显不足。每册的教材都会提供两三首发声练习曲,总的来看,这些发声练习曲还是略显不足,选择余地也较窄。

怎么办,练还是不练?练,又怎么练?

回答是肯定的:练!

小学阶段的歌唱训练必须要有,并且还应该从一年级开始抓起。

那怎么练,练什么?

让我们先来看看《课标》总目标中的一段话:“学生通过音乐课程学习和参与丰富多彩的艺术实践活动,探究、发现、领略音乐的艺术魅力,培养学生对音乐艺术的持久兴趣,涵养美感,和谐身心,陶冶情操,健全人格……”

这段话有一个关键词:持久兴趣。只有学生有了兴趣,并且是有了持久的兴趣,教学才会灵动,学习才更生动。

除了教法外,发声练习曲的选择也很重要,因此可以从以下几方面思考如何选择发声练习曲。

一是唱好七个唱名。每一个音都有值得关注的歌唱技巧,比如“do、re、mi、fa”,韵母是“o、e、i、a”,因此在唱这些唱名时,可以引导学生找歌唱声音在口腔中的位置,并学习归韵。当唱名有了正确的归韵和正确的歌唱位置,那些音符就会有生命力。唱唱名还是一举两得的事,既可训练学生的歌唱技巧,还可以通过这样的练习,帮助学生唱准音高。

唱唱名也是枯燥的一种训练,因此每节课的练习在形式上都应有变化,比如可以由低到高或由高到低逐级唱,也可以跳级唱,可以由学生来领导唱,也可以给一个标准音与教师一起做无伴奏合唱等。

第二是可以选择歌曲中的一两个乐句作为发声练习曲。比如演唱歌曲《真善美的小世界》就可以选择歌曲的第一、第二乐句来做发声练习。合唱基础好的班级,还可以唱第二乐段的合唱来做发声练习,因为这个乐段中的“真、善、美、小、世、界”六个字音色如何统一,如何归韵都是需要下一番功夫的。把这些歌词先提出来,引导学生用高位置歌唱方法先说一说再唱,就像戏剧的念白一样,也是一种很有效的歌唱训练方法。

第三是可以选择歌曲中的难点乐句来演唱。每首歌曲都有难点乐句,选择这样的乐句来练唱,既避免了每节课发声曲因不断重复的无趣,又突破了歌曲教学的重难点。

另外,还可以选择欣赏曲中的一个主题乐句作为发声练习曲唱。小学阶段欣赏曲中主题旋律都比较简单，当我们完成了一首乐曲的欣赏后，第二课时就可以做发声练习了，这样的练习因为曲新，所以学生会比较喜欢。通过这样的练习，学生不仅进行了歌唱技能的训练，还加深了对欣赏作品的进一步记忆和理解。

灵活选用发声练习曲，因地制宜选用发声练习曲进行歌唱技能的训练，是激发兴趣，让学生始终保持学习新鲜感的一个比较有效的策略。

第四节　班级合唱不得不提防的陷阱

1.过于“专业”的发声训练

好的音色离不开系统的嗓音训练，特别是发声练习更是绕不开的一个点，没有较为系统的引导，要想有好的歌唱音色是不可能的。但是，对于小学生来说，发声训练如果过于专业化，特别是如果把成人训练方法用于小学课堂，那就等待课堂的沉寂与混乱吧。因为小学生不喜欢这一套，他们期望有趣，有趣才有学的欲望。因此，小学阶段的歌唱训练特别是发声训练，一定不能“过于专业”，这里指的“过于专业”指向的是“过于”，专业是需要的，教师只有清楚声乐教学的专业性，教才会避免盲目。而过于专业，就毫无意义了。例如这样一些镜头：

镜头1：发声练习，像木偶人在唱歌

1=C—B $\frac{3}{4}$

5 3 1 | 5 3 1 | ……

mi mi mi　ma ma ma

教师弹着琴，学生面无表情地从C调唱到B调，然后又面无表情地从B调往下唱到C调，教师反复强调：高位置、微笑、有气息支撑。听起来教师的要求似乎都没错，但用心分辨，你会发现歌声的紧绷、声音的无情。学生的无可奈何，如果时间再稍长些，学生就会开始抗拒。

镜头2：发声练习像做数学题一样严肃

学生端坐，教师范唱：

$1=C—B\ \frac{2}{4}$ 5 5 | 5 5 | 5 – |
a e i o u

学生模仿：

$1=C—B\ \frac{2}{4}$ 5 5 | 5 5 | 5 – | ……
a e i o u

学生没按教师的要求唱好，教师气急败坏，大声呵斥，学生越唱声音越小……

我国著名教育家、美学家、中国音乐学院教授谢嘉幸教授说："每个人都有自己的美感直觉，这是无法用外界力量强迫改变的。"（《反熵·生命意识·创造》，谢嘉幸著）。是的，发声训练也如此，激发学生内心的美感，让他们乐于表达，音乐学习才有意义，不要让无趣的发声练习挫败学生的歌唱积极性。

对于小学生（包括中学生）而言，发声练习尽量从说开始，比如说歌曲中的一两句歌词或者几个简单的音节，比如歌曲《嘀哩嘀哩》，第一句歌词"春天在哪里"就不好唱，因为它们的韵母分别是un、an、ai、a、i，从发声位置看都较为靠前，因此学生很容易在低位置喊唱，如果从i开始引入，先引领学生高位置说"你"，以及"i"的发声位置，然后跟随i的位置说"里"，再暗示学生在"i"的同一个歌唱位置说："春天在哪里"，然后过渡到唱这一完整乐句，学生的音色才会统一起来，做到高位置歌唱。当然，方法有很多，比如像戏剧演员吊嗓那样引导学生每节课吼几嗓，"你↑呀↓"、"你↑哟↓""哈哈哈哈""咿~"等等，长期积累，也会收获到美好的音色。

那么，在学习方法上是否是教师说了算呢？不是，教师可以什么也不说，让学生自己先读或唱，然后引导他们聆听自己的声音，提示他们分辨什么样的声音是美的，是有歌唱韵味和美感的。学生的内心有自己美的判断，只要教师激发得当，学生内心美的东西就会被点燃。

因此，指导学生用正确的方法歌唱，要避免死板的"专业"训练，唯有引导学生趣味体验，才不致掉进看似"专业"的学习死胡同。

2.课堂只盯"唱"这一个点

要进行班级合唱，于是乎整个课堂都是发声训练、视唱练耳、多声部歌唱训练，甚至一节课做的都是发声训练，一学期都在唱合唱，其他什么都不重要了，这是我们容易犯的一个错误，觉得什么重要，课堂便只盯那一个重要的“点”。

音乐教育是综合性审美教育，特别是中小学基础教育，除了班级合唱，还有许多值得关注的东西。

冼星海说，“音乐是陶冶性情的熔炉”。基础音乐教育的最终目标是体验美、表现美、创造美，而不是培养某一方面的专业技术人才。

我们说班级合唱，并非强调其他方面的内容就不重要。

让学生鉴赏多类别的音乐作品，学生视野会更开阔；用戏剧方式表达对音乐的理解，学生创新思维更能得到激发；用身体、声势参与音乐的情感体验，学生内心会更丰富，身体动作会更协调，心情会更愉悦……

音乐教育其实是音响与人的对话，音响不仅包含学生自带的音响（歌唱），它还包含其他多形式发出的音响（音频、视频、即兴编创的其他作品等），因此，不要一开展班级合唱，就让课堂成为大学时代的专业声乐课、视唱练耳课。

班级合唱也好、器乐教学也罢，这些都不过是音乐教育中小小的支点，这些支点虽然重要（因为它可以支撑教学纵深发展），但却不是音乐教育的终极目标。因此，我们可以把班级合唱教学作为深入课堂教学的一个突破口，以此打开学生学习音乐的大门。但我们还要多角度引导学生鉴赏音乐，让学生看到更广阔的世界，比如与之相关的音乐文化，甚至包括与之对应的美术、书法、舞蹈、历史、文学、科学、哲学……学生审美能力提升了，综合素养更好了，班级合唱才会越来越好。

3.功利化的各项比赛

组织学生参加各项竞赛，是调动学生学习积极性的一种良好方式，比如班级内组与组的比赛，学生与学生的独立比赛，学生与教师的比赛，班级与班级的比赛等等，走出校门与他校学生的比赛等等，这既是一种比赛，又是对学生学习效果的评价，通过比赛关注学生的收获，通过比赛看教师在教学方面存在的问题，组织得好，会极大调动教与学的积极性，教师也能从中发现自己教学的不足和优势。

但如果仅仅为了比赛，或者总是热衷于各类比赛而忽视常规课堂的教与学，那就没有意义了。

比如有的教师对常规课堂不予重视，特别是根本不把合唱当一回事儿，课堂教学随随便便，教材钻研也十分肤浅，班级歌唱音准差，音色差(因为这是看不到可以证明自己成绩的一些具体工作)，但对在外的各种合唱比赛却特别重视，组织部分优秀学生开展训练，然后参与各类竞赛，似乎奖状或者获奖证书才能证明自己的优秀。长此以往，只注重比赛而忽视班级歌唱教学的研究，最终是会走入死胡同的。

当然，我们要承认，一些竞赛活动对学生的成长也是很有益的，比如因为参与了一些合唱比赛或演出活动，学生更加勇敢、阳光、自信，歌唱基本功也更扎实，课堂学习也更加用心等。但是，如果参与的学生是极少数，多数学生没有受惠，长此以往，音乐学习就会成为一小部分人的，而大多数学生则没有得到进步，合唱也会成为表演和比赛的工具，学与教会陷入一种怪圈。

基础教育，重在全体的教育。因此，班级合唱时，一定要关注每一个学生的成长，包括那些暂时唱不准音的学生们。教师在激励他们在班级合唱中感受美、享受美、创造美，少参加一点儿功利化的比赛。

4.声音训练的误区

误区1:小学低段不用进行发声训练，因为学生音域窄。

有教师说，小学阶段的学生音域窄，最多就十度左右吧，怎么唱那些音域较宽的作品？发声练习稍不注意，就会唱坏嗓子。因此在低段不用进行发声训练，在歌唱训练方面谨小慎微，不敢在一、二年级进行系统的发声训练，也不敢让学生大声唱歌。

其实，进入小学一年级，也就是六岁开始，只要教师教学方法得当，科学引导，学生的音域是可以拓宽的，音色也会发生很大的变化。因此，学生进入一年级，教师就应该开始引导学生体验正确的歌唱方法了，比如头腔共鸣、腹式呼吸等，避免喉咙打开过大造成声音卡、压、散，甚至喊唱。

误区2:大声不好听，要训练学生小声唱。

有教师说，中国人唱歌声音太实了，真声多，因此音量特别大，不好听。外国人歌声比较虚，假声多，洋气！因此，歌唱的时候我们可以学学外国人，让学生声音小一点儿，再小一点儿，不要大声唱，要不然听起来难听。

其实，这样的理解是偏颇的，不是声音小就好，也不是声音大就不好，关键是歌唱方法是否正确。比如，有气息支持的高位置发声，结实有弹性、有感染力，这样的声音音量并不小，但却是很美的。既可根据作品的需要大声，也可根据作品的需要表现轻声，但听起来声音位置统一、通透、自然、结实、富有穿透力和色彩，难道能说不好？虚空的轻声唱，并非是理想的音色，大声与小声需要把握好度，关键看歌唱方法是否正确，看作品表达的需要。结实有张力的声音才能驾驭丰富的合唱作品。

误区3：儿童歌唱方法和成人歌唱方法是一样的。

儿童与成人的歌唱是有区别的，成人歌唱有三个声区：低声区、中声区、高声区，因此，在成人的歌唱训练方面，需要关注几个换声点，同时要强调喉头下移，因此训练起来比儿童要复杂得多，用的时间也会更多，有的成人三五年都还找不到歌唱感觉。而儿童却是没有换声点的，他们从低到高是统一的一个声区，教师只需要告诉儿童歌唱的感觉、声音的位置，气息的位置以及如何支撑就行。因此，如果按照成人的方法训练儿童，比如喉头下移，就会听见儿童压着嗓子歌唱而发出难听的音色。其实，只要教师对童声音色的概念理解正确，再加上教师自己有较好的示范能力，对儿童进行正确的音色训练，只需半年甚至几个月的时间，儿童的音色就会发生很大的变化。因此，在训练儿童的歌唱音色方面，教师一定要避免用成人的方法去指导儿童。

第四章　走着唱

心理既不是起源于先天的成熟，也不是起源于后天的经验，而是起源于动作，即动作是认识的源泉，是主客体相互作用的中介。

——皮亚杰（瑞士心理学家）

第一节　为什么要走着唱

1.现实促使改变

要想让学生既能“走进音乐的内部，摸清音乐的肌理”（《何为懂音乐》，杨燕迪著），又能享受到学习音乐的快乐与有趣，就必须找寻一条适合孩子们学习的路。正如西方杰出启蒙音乐教育家卢梭所说：“音乐最基本的功能归根结底就是娱乐，谁认识不到这点去进行音乐教育，只能处处碰壁。”

在中国文化艺术中，“与美感最接近的是‘乐’（yuè），而乐之本在人心的快乐”（《中国音乐审美导论》，包德树著）。乐感差会影响学生的读谱能力，没有一定的读谱能力，歌唱教学就会成为听歌课、模唱课、“捡歌”课。欣赏教学也会停留在肤浅的理解上，没有音高概念，没有节奏的敏锐感觉，没有强弱的对比变化，触摸不到旋律的丰富表现，音乐作品在学生的口中就只有“好听、很美……”这些肤浅的描述。

回顾一下《义务教育音乐课程标准》（2011年版）（简称《课标》）对识读乐谱的注解：乐谱是记载音乐的符号，是学习音乐的基本工具。要求学生具有一定的识谱能力，这样有利于进行音乐表演和创造等教学活动……

可以看出，小学阶段音乐识谱教学是不能忽视的，音乐课应重视学生读谱能力的培养，音乐教师更应研究如何开展读谱教学活动，让视读乐谱成为学生喜欢的一项活动，在活动中表现美、创造美，我想这才是《课标》所倡导的。

《课标》中关于识读乐谱这样写道：“能够用声音、语言、身体动作表现简单的节奏……可以通过学生熟悉的歌曲或乐曲识读乐谱，也可以借助乐器演奏来学习”。对于上面文字，我的理解是：在学生感性积累的基础上，尽量通过各种表现方式上把识谱教学上得生动活泼，让学生喜欢，乐于参与。我们要特别关注"用声音、语言和身体动作表现节奏"这句话，里面蕴含的绝不仅是简单的"声音""语言""身体动作"这些词语，只有读懂这句话的含义，教学才会随之改变。

我们来看看教材对节奏的语言描述。

X X　读："跑跑"

X　读："走"

X －　读："走(欧)"

XXXX　读："快快快快"

我想编者是想通过这样的语言描述，让学生知道四分节奏的速度与人走的速度基本一致，八分节奏的速度与人跑的速度基本吻合。如果教学中真的通过述说来体验节奏，那一定是不怎么好玩的事。我们在听课时经常看到以下情景：

师：同学们，这个"X X"读什么？

生：跑跑。

师：这个"XXXX"呢？

生：快快快快。

师：这个"X"呢？

生：走。

师：这里有条节奏，能读出来吗？

出示节奏：$\frac{2}{4}$ X X X | XX X | XXXX X X | X X ‖

生：能！(自信地)

学生开始读：跑 跑 走 | 跑 跑 走 | 快 快 快 快 | 跑 跑 | 走 走 ‖

教师发现读错了，提示：这个节奏"XXXX X X"怎么读啊？

学生再次读：跑 跑 跑 跑 走 走

教师发现还不对，于是说，错了，应该这样读……

经过反复纠正，学生终于读准节奏了。

如果离开教师，或者再出现不同的节奏，学生会读正确吗？我们表示怀疑。我们曾在听课后抽查过学生，怀疑得到证实：学生的读音没问题，比如知道"X X"读"跑跑"，知道"X"读"走"，但读音与速度完全不对。

以上情况常在一些课堂出现，也许有教师也曾听过这样的公开课，只是课前教师反复训练学生，学生对此熟练有加，才没有露出破绽，教师便以为这是没问题的教学方式。

为什么出现这样的两种情况？因为学生虽然知道四分音节奏读"走"，八分音节奏读"跑"，但他们并没弄懂这两个节奏的读音与速度之间的关系，他们知道的只是语言文字而不是速度，没有稳定的速度支撑，乐感怎么会在孩子们心中形成？没有乐感、没有稳定的速度，那自然想怎么读就怎么读。

怎样才能让学生在歌唱中建立稳定的速度？

走着唱，便是最简单的实践方式。

2.用身体体验远胜于语言的说教

节奏可以通过诸多形式表现，但用身体体验却是极为重要和最为简单的一种形式。音乐学习并非简单的知识储存，而是身体的感知积累，只有在体验中触动内心，收获的东西才会成为一个人的核心素养。走着唱，完全可以让学生轻松渡过速度不稳定的难关。

《每当我走过教师窗前》是一首学生耳熟能详的歌曲，原本想着这样的课上起来会轻松，不需教师过多的时间指导。其实不然。

我曾在某个班要求学生用手划拍识读乐谱，然后按传统教学模式演唱歌词。又观察学生在课堂上的表现，发现他们很不以为然，到课堂后半段，完全心不在焉，对歌曲的美几乎没有感觉，演唱起来就可想而知了。

在另一个班级，我改变了教学方式，一开始不做识读乐谱的学习，而是引导学生随音乐行走，体验歌曲的速度、情感，然后边走边唱。这个在自然行走中歌唱的方式受到学生的喜爱，他们可以在行走中充分感受音乐的速度、节奏、音色。当学生对作品有了身体感知后再进行识读乐谱的学习，就会事半功倍。

教师这样做的：

音乐声起，教师不做任何的解读，用声势暗示学生听音乐，轻声随教师一起行走(可以手牵手围成圆圈、可以自己找自己的空间听着音乐自由行走)，一拍一步，用身体去感知音乐，在每个乐句结束处做一小小停顿以提示乐句的呼吸。例：

第一乐段

节奏 2/4 X X X | X X X | X X X X X | X – | ……

歌词 静静的 深夜 群星在闪 耀

走步 左 右 左 右 左 右 左 –（第二拍不动）

第二乐段

节奏 2/4 X. X | X X | X X X X | X – | ……

歌词 啊 每 当 想 起 你

声势

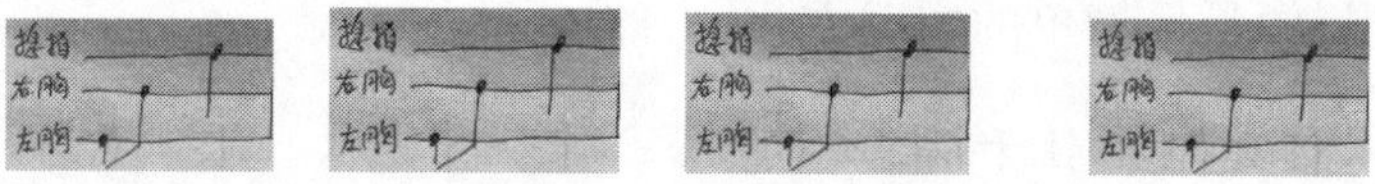

走步 左 右 左 右 左 右 左 右

第二乐段加了一点儿声势，学生觉得更有趣了。

学生通过声势已了解歌曲有两个乐段，在行走动作的一些小变化里，潜意识对乐句也有了一定的感知。因此，当他们演唱歌曲时已不觉得无趣，提示他们用自己喜欢的声势参与表达歌曲时，学生将情不自禁动起来。

从图4-1他们的表情和动作中可以看出，学生已进入音乐，已能自如地随音乐边走边唱，不知不觉完成了对曲谱的演唱。

图4-1

心理学研究认为，学习是指有机体在生活过程中凭借经验而产生的行为或行为潜能的相对持久的变化。艺术教育更是浸润，不是说教，教师可以不去假设问题，不做脱离作品的枯燥视唱与读谱讲授，引导学生在行走中整体聆听，参与体验,用身体把握作品的韵律美,感受作品的整体美,然后再针对学生实际问题有的放矢进行细节探索。

其实,真正的教育,并不传授任何的知识与技能,但学生却可以在活动中感知和体验这些所谓知识与技能的东西,比如音高、音色、节奏、和声……可能你会有疑:不传授知识和技能的教育何为教育? 哈佛大学的《幸福课》风靡全球,教授这门课的泰勒·本-沙哈尔教授曾说过这样的话:“幸福取决于你有意识的思维方式。”用身体去体验,用手和脚以及身体的各个部位去感受,这样的教学更能触动学生的内心,激发他们主动积极的有意识思维。

3.走着唱可以释放学生的天性,提升内在的自信力

让学生走着唱,可以避免学生产生紧张的情绪,同时也适合小学生天性好动的特点,最关键是走起来,学生的速度也就稳定下来了,有了稳定的速度,歌唱作品就会减低难度。

有人说,喔,我明白了,这就好比我们用手打拍子、用手划拍子,打一下就是一拍,划一个“V”就表示一拍,走一步也就一拍嘛。

我的理解是不如此简单,让学生挥拍学生一定觉得累,不喜欢,但如果让学生跟你一起边走边唱,学生会觉得挺好玩,挺自然,少了那份约束和紧张,在不知不觉间,学生行走的速度掌控了学生读谱的速度,识读乐谱就减轻了难度。特别是低年级的学生,告诉他们“X X”是一拍,“XXXX”也是一拍,学生是难以理解的。但如果告诉他们:这一步里是一个音,这一步里有两个音,这一步变成三个音、四个音……然后边走边把这一步里的一个音、两个音、三个音、四个音用手拍击出来或身体的其他部位拍出来,学生会觉得好玩,当学生有了这样的节奏与速度的体验,到了中高年级,再告诉他们说,“这个三连音是一拍,这四个十六分音符组成一拍”就很好理解了。我喜欢“感知”这个词,在体验中明白比简单告诉一定受用很多,特别是基础教育阶段的学生。

这是给学生做的“走路玩节奏”游戏卡,课堂上学生和教师可以随意摆放,学生看节奏卡边走边玩。

例:

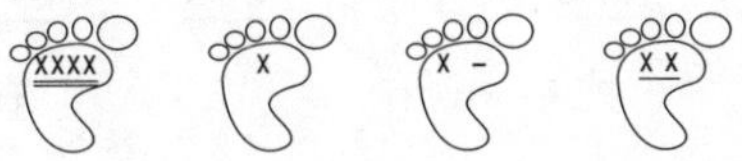

比如,一年级了解八分节奏和四分节奏,就可以用上八分节奏和四分节奏进行编创游戏。

例:

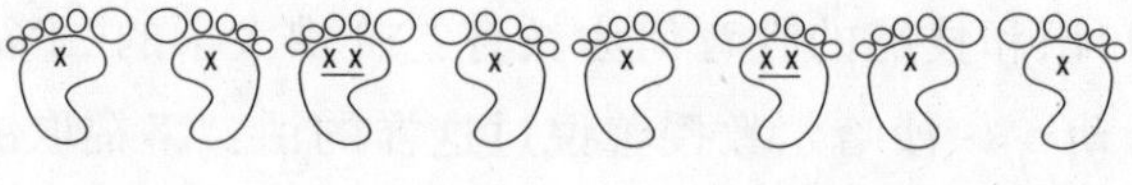

还可以加入学过的唱名编成旋律(这是速度稳定后所做的工作),比如学唱了“sol”“mi”“do”,就可以用八分节奏和四分节奏进行节奏编创与旋律编创的游戏了。

例:

摆节奏:

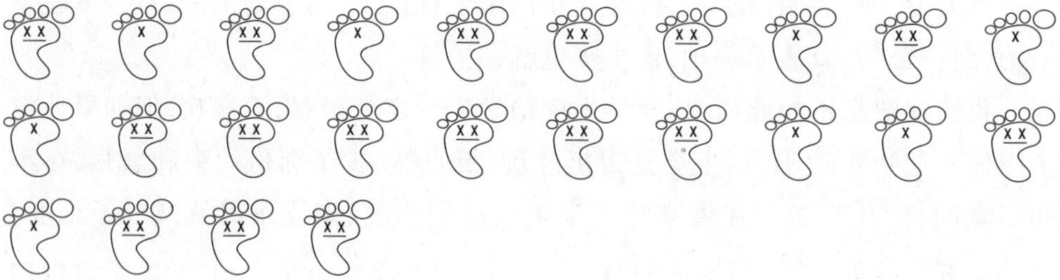

说节奏:ti-ti ta ti-ti ta ti-ti ti-ti ti-ti ta

走 步:左 右 左 右 左 右 左 右

节奏不变:

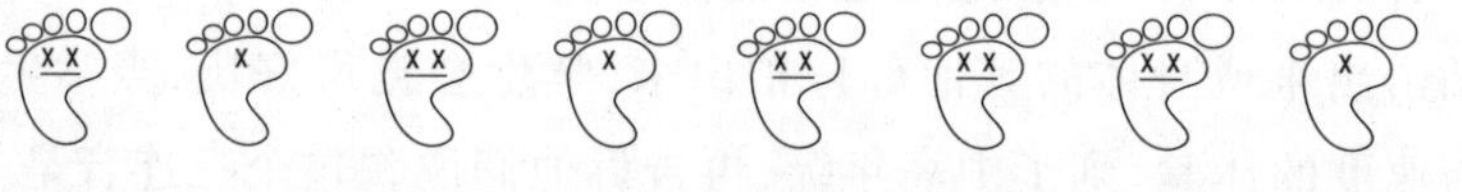

编旋律:55 3 11 3 55 35 31 3

走 步:左 右 左 右 左 右 左 右

变化节奏再玩,例:

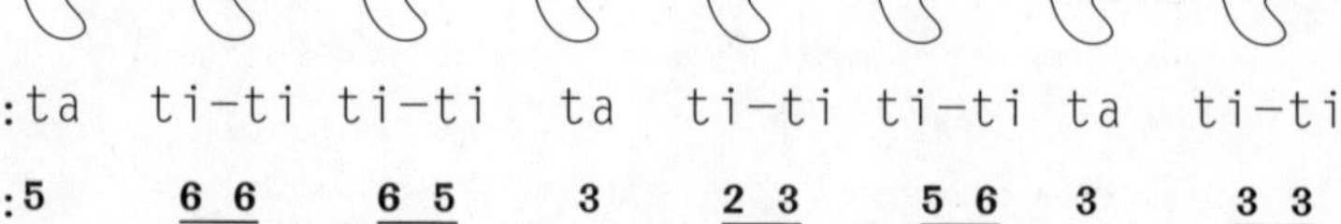

说节奏:ta ti-ti ti-ti ta ti-ti ti-ti ta ti-ti

编旋律:5 66 65 3 23 56 3 33

走 步:左 右 左 右 左 右 左 右

……

编好节奏或旋律后，就可以边走边唱了，因为没有拍号，因此每一拍都可以唱成强拍或唱成弱拍。教师鼓励学生自己理解，唱出每一拍不同的强弱，还要引导学生学会聆听同伴的演唱，尽量唱出的同一个音不都在一个强拍或一个弱拍上，这样的强弱对比，就让简单的旋律有了活力。

有了稳定的速度、自然的表达，学生对音乐的喜爱又会进一步加深，他们会听到音乐就自然动起来，走上舞台也会自然洒脱有灵气。

每年我校都会组织班级合唱比赛，学生们的歌声常让我感动，他们的音色也许并不完美，和声也还有瑕疵，但他们的随意、俏皮，准确的乐感，随性地边走边唱，内心的真情流露与自信的表达会让你不觉得他们是在歌唱，而是在用身体和你深情对话，歌曲在学生的律动中被赋予了音乐的语境。

图4-2

图4-2是2010级1班的学生（五年级）在演唱，这个班级的学生90%来自农村，经过一年的学习实践，他们可以大胆地走着唱并进行一定的即兴表现，对歌曲的表达也更有韵味。

这是他们为歌曲《叮铃铃》编的走着唱声势。

歌唱	6 6	i 6	#5 65	3	6 6	i 3	i	6. ‖
	高 山	坡 上	啰		飘	白	云	
捻指	0	0	0	X	0	0	0	X ‖
拍手	0	X	0	0	0	X	0	0 ‖
走步	左	右靠	右	左靠	左	右靠	右	左靠

注："右靠"指右脚脚尖离地，脚后跟轻靠左脚；"左靠"指左脚脚尖离地，左脚脚跟轻靠右脚——即舞蹈中的屈伸靠步。

创编的节奏虽然简单，但学生边走边唱，边用手指捻动，那种自信和快乐会让你感动不已。

小学生天生好动，如果音乐教学就真的让学生看着乐谱或歌词静静地唱，是很难学好音乐的；对于专业学音乐的人来说，识读乐谱都还需要用手挥拍把握速度，何况没经过专业训练的学生。

当整齐的脚步如小鼓轻敲，双手自然地划出美丽的弧线，旋律在手舞足蹈间自然流淌，作为观众的你也会内心涌动跃跃欲试，学生的动作会告诉你，这样体验音乐时尚又自信！

时尚在哪？

当学生自然摆动着身姿，饶有兴趣地唱出旋律或词曲，你能真切感到孩子们内心的自信，他们的脚步会告诉你：时尚在稳速表达的优雅里。

拥有了良好的乐感，学生课间行进时也会随着音乐不自觉地整齐脚步。不经意间，音乐艺术已植入孩子的心灵，并伴随孩子人生（见图4-3）。

图4-3

4.走着唱，可以体验和声的美

和声的美不仅通过歌声、器乐来表达，脚步也可以。

例如这样做，会听到怎样的和声呢？

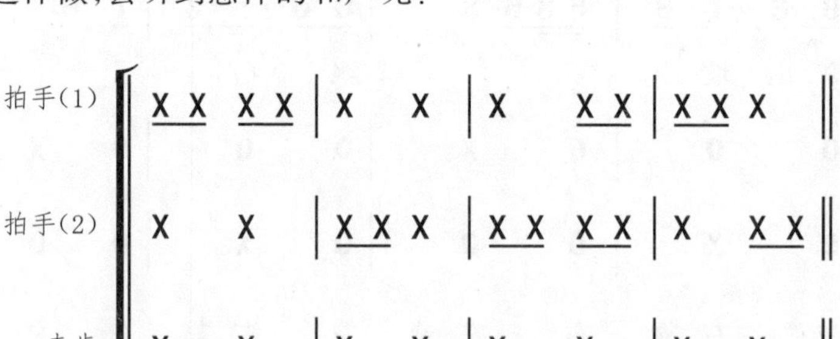

例:《跳绳》(人音版第一册)

跳　绳

1=♭E　2/4　　　　刘润田 原词

活泼地　　　　董作新 曲

北京小学音乐教研组 改编

| 5 1 1 | 3 5 1 | 3 5 1 3 | 2 1 2 |

1. 小 绳 细，小 绳 长，小 绳 两 头 拴 铃 铛，

2. 小 绳 小，真 轻 巧，每 天 锻 炼 每 天 跳，

| 6 1 2 3 | 5 5 3 | 2 3 5 6 | 1 1 1 ‖

走 起 路 来 叮 当 响，跳 起 舞 来 响 叮 当。

身 体 健 康 学 习 好，将 来 为 国 立 功 劳。

引导学生编创固定节奏边走边唱。

第一组编的节奏：
- 拍手 | 0 X X ‖
- 走步 | X X ‖

第二组编的节奏：
- 拍手 | X X ‖
- 走步 | X X ‖

第三组编的节奏：
- 拍手 | 0 X ‖
- 拍腿 | X X X ‖
- 走步 | X X ‖

三个组共同发出音响，会听到和声吗？我想会的。脚步声是稳定的基本节奏，手上的声音是基本节奏的发展形成的和声。

学生自己编创的声音。

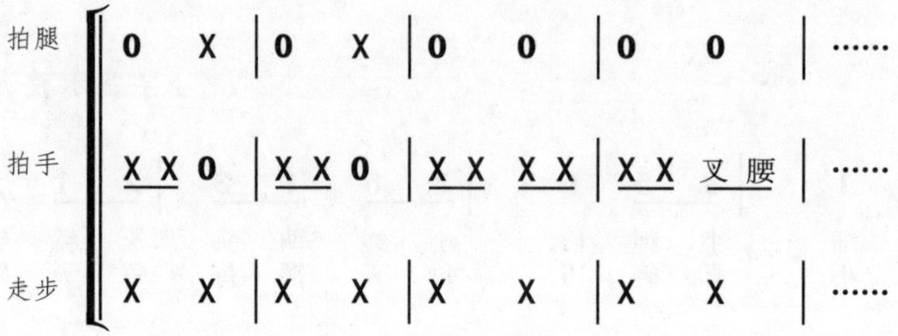

注：也可以把拍腿改为与另一个同学互相击掌。

当学生能准确表达自己编配的节奏时，就可以为歌曲《跳绳》伴奏，也可以选择其他合适的音乐作品来体验。有了这样的实践经验，今后演唱其他作品，学生就可以灵活自如表达了。

例：《咏鹅》

咏　鹅

1=♭E $\frac{2}{4}$ 　　　　[唐]骆宾王 词

中速稍慢 　　　　根据黄国群曲改编

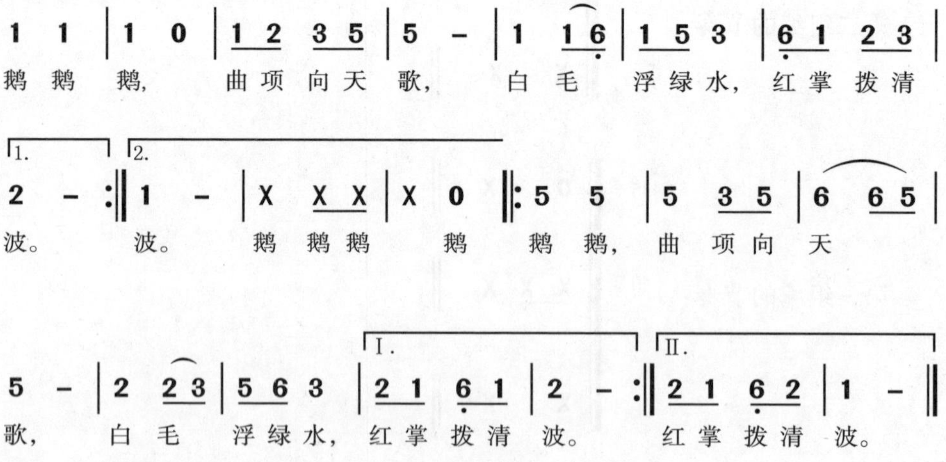

曲谱	1 1	1 0	1 2 3 5	5 –
拍手	X X	X 0	0 X 0 X	X –
走步	X X	X X	X X	X X

在走着体验音乐作品的过程中,一定要提醒学生用心聆听脚步声和身体其他部位发出的声音(或乐器发出的声音)是否与音乐作品的音色和谐,比如走的声音或拍手的声音音量是否太大或音色是否柔和等。边走边体验、聆听,学生自会感受到一种别样的和谐美。

视谱教学最难的是速度的稳定,用双脚行走控制速度,把节奏变成有趣的游戏,再加上手上动作构成和声,学生是很喜欢的。这样的学习也许学生并不知道自己在学习视唱、感受和声,但长期的体验和身体参与,和声会很自然进入学生的身心,形成良好的乐感以及和声美感。今后的合唱,他们也就不再感到神秘和困难。

5.走着唱,能更好享受作品整体美

格式塔心理学(Gestalt Psychology)又称完形心理学,诞生于德国。格式塔心理学认为:音乐教育不应孤立地看待音乐元素,而应将音乐作品整体聆听、欣赏和分析。美国音乐教育之父埃德温·戈登[1]的音乐学习理论也认为:要从"整体—部分—整体"的概念去看音乐的内部结构,由外到里再由里到外地感知和分析作品。这样的学习体验,才不会破坏艺术作品整体美,也才能让学生更好感受到音乐作品整体美。

比如,有一首歌曲叫《四季童趣》,这是一首蕴含流行音乐元素的歌曲,这首歌曲如果让学生来唱旋律,学生会感到困难。

①埃德温·戈登(Edwin E.Gordon)是美国当代著名音乐心理学家和音乐教育家。

四季童趣

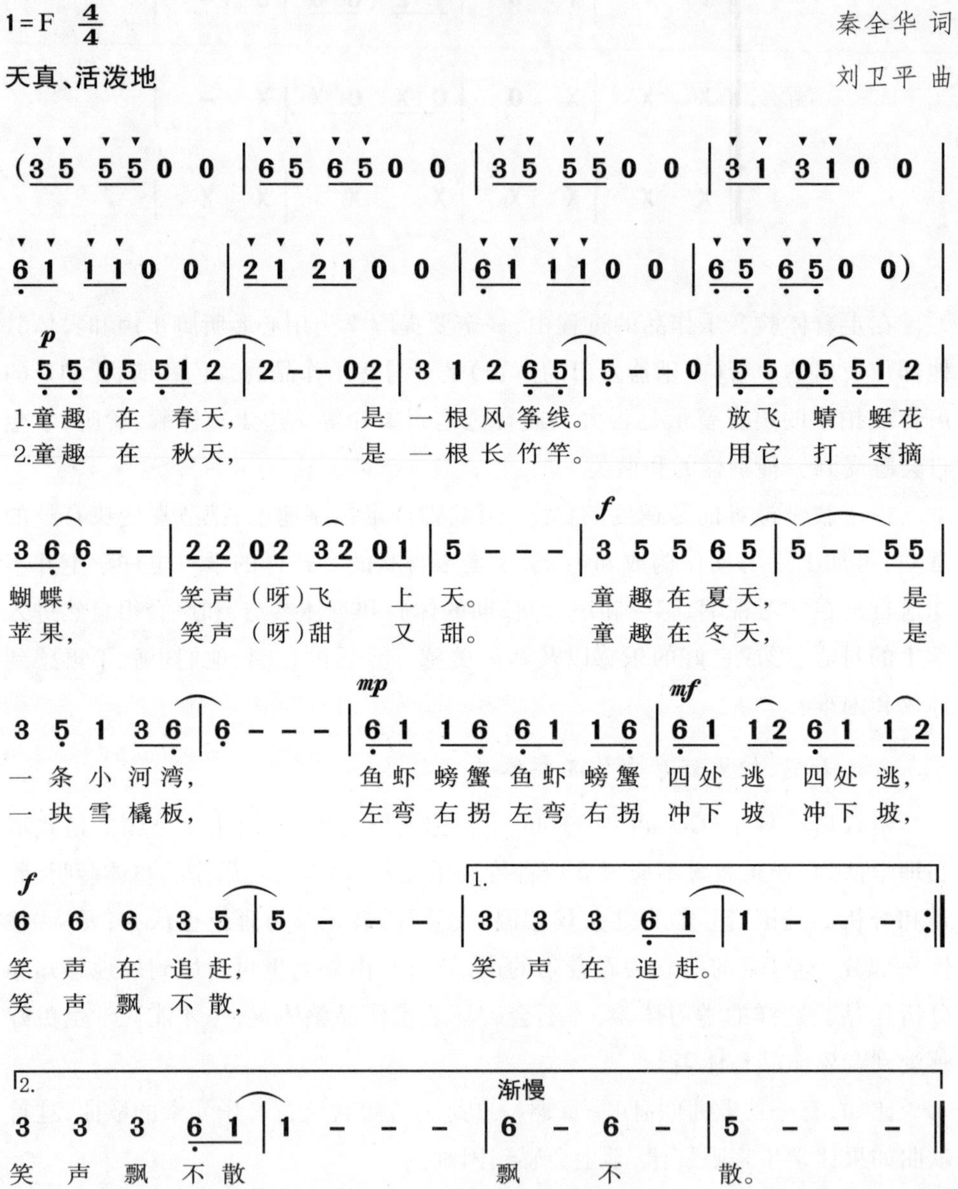

曾上过这样一堂课：学生一拍一拍跟随教师的节奏慢慢演唱，跟随教师的手势划拍唱节奏和旋律，用了近二十分钟时间学习，虽然基本能随教师钢琴伴奏唱准曲谱，但八分休止符的进入依然有误，第一乐句的延音依然不准确，听起来总觉得有些别扭。课后学生说："这首歌曲的曲谱好难，怎么都觉得不舒服。"

课后思考，问题就出在支离了作品，过细分析作品，没有给学生感知作品整体美的时间和空间。教师在明知学生唱谱有困难的情况下强迫学生去学唱谱，简单枯燥地解决教学的个别知识点，学生当然会感到困难。

后来的课，做了这样的调整，教学效果完全发生了变化。

音乐起（第1~3乐句），教师带学生随音乐一拍一步找空间自由行走体验，在每个乐句结束最后一拍拍手一次（或互相击掌一次），感受乐句的完整性。

第二次或第三次聆听，再做一些声势上的小变化，让学生保持兴趣。

例：

捻指	0	0	0	X	0	0	0	X
拍腿	0	0	X	0	0	0	X	0
拍手	0	X	0	0	0	X	0	0
走步	X	0	0	0	X	0	0	0
	左				右			

学生在行走以及不同声势的体验中反复聆听作品，作品完整美好的形象就容易在学生内心留存下来。

这样的体验，还可以坐在凳子上用原地踏步的方式做，如第一小节第一拍左脚轻踏步一次，后三拍两手分开与相邻同学相互轻轻击掌，感知四拍子第一拍的重拍。

当学生对作品有了整体印象，喜欢上作品，自然对音乐旋律与歌词也就熟悉起来，这时再深入体验，进行部分解读，学生就更容易理解了。

用行走方式体验作品整体美并非简单的一拍一步行走，更不是没有节奏的随意乱走，它与音乐速度、节奏、拍号密不可分，可以一步一拍走，也可以走在每小节的第一拍上，甚至是最后一拍或其中的某一拍。

走，只是一种外在的表达形体，但走起来，身体才能动起来，身体动起来，心才会跟着动起来。

四年级还有一首歌曲叫《大家来唱》，这是一首三拍子的歌曲，怎样让学生感受三拍子的强弱呢？一种方法是告知，告诉学生说这是三拍子的歌曲，三拍子歌曲的强弱规律是强弱弱，然后用拍手的方法体会其强弱的不同，这是我们课堂常用的也是看似最简单的教学方法。

大家来唱

1=D $\frac{3}{4}$ 意大利威尼斯民歌

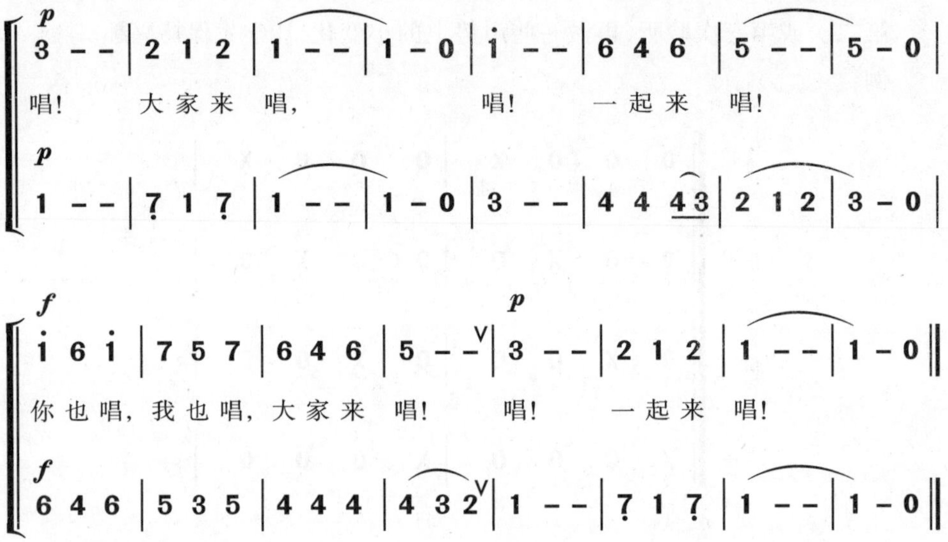

这看似容易的方法真能让学生感受到音乐的强弱吗？离开教师的提示他们还能听出这是一首三拍子的作品吗？如果不这样教学，用行走的方式来体验，是否更容易悟到作品的美呢？通过实践证明是可以的，学生在行走中感知体验音乐作品远甚于告知。

如：播放伴奏音乐，引导学生模仿教师做三拍子行走舞步，强调用心聆听和观看第一拍强拍脚步的跨度和力度，先模仿走一走，然后随音乐体验。当行走速度稳定后，围成圆圈或两人一组手牵手再次边走边体验，找到音乐的强拍与韵律感。通过反复参与式聆听，在孩子们心中会形成三拍子节奏的韵律感，再来演唱歌曲时，学生更容易抓住音乐作品的形象（见图4-4）。

图4-4

走是一种身体运动，身体运动其实也是一门

艺术，走着唱是听觉艺术与身体艺术的综合体，因为走的是身体，感受到的是速度与情感，这样的体验让身心都是美好的。

需要强调一点的是，引导学生走着唱，教师别忘了自己的体态语言，速度稳定、自然大方地走着唱，这是最好的引导和暗示。

第二节　怎么走

1.找准拍点自由走

走路，谁不会？

但真让学生随音乐走起来，他们不会走了，不知先出哪只脚，不知是齐步走、踏步走还是屈膝走，不知该走在哪一拍上，看起来好为难的样子，动作很不协调。当然，也有一说走着唱，便无所顾忌，不听音乐，乱跑乱走的学生，这是规则的问题，书中第二章有谈到，这里不重复。

为什么一说到“走着唱”，大家第一想到的便是脚步整齐统一，动作规范有序？其实，不必那么严谨，就让学生像平时走路那样自然走就行。

首先让学生听着音乐或唱着歌儿自由走，自由感受，自由去体验和表达，别一开始就纠正动作，让他们随音乐自由走，也许动作很搞怪，也许速度不稳定，没关系，这才是最真实最舒服最自然的表达。慢慢地，不需要纠正，在一步步的实践中，一天天、一月月、一年年……他们的速度开始稳定，姿态开始自然。

走着体验，可以用于感知作品整体美，也可以只体验其中一个乐段或乐句。不过走着唱是在一定规则范围内的，比如：找自己独立的空间行走不影响他人；行走中仔细聆听音乐不说话；脚步速度要与音乐速度一致，即速度稳定等。

当然，除了自由走，也可以根据班级人数和场地大小围成圆圈走（圆圈可以根据学生人数排成单圆，还可以根据学生人数或者作品表达需要排成两个圆、三个圆等），排成行列走，坐着原地踏步走，或者同桌牵手共同体验一起走……当然，最好的还是自由走。

让学生随音乐走，我们会看到，刚开始很多学生是走不到音乐的节奏点上的，原因有两点：一是没有良好的聆听习惯，因此听不出节奏的拍点在哪；二是内心没有稳定的速度，也就是我们常说的没有乐感。

其实大多数人的乐感天生是不错的，并没有我们想象的那么糟，那些少数乐感差的人也是可以通过后天的引导得到稳定的。那么,怎样培养学生良好的乐感呢?

走着唱就是不错的体验方式。每节课在教师或同学的带领下玩几分钟走着唱的游戏,日积月累,学生会慢慢形成稳定的速度。如学生会唱歌曲《其多列》了,第二节课上课时教师就可以带领学生走着唱一唱。

当然,走的方式不是一成不变的,可以多形式走,如一拍一步匀速走,两拍一步慢速走,半拍一步快速走等。坚持这样的小游戏,学生的速度会越来越稳定。

在低段,最好是用稳定的鼓点帮助学生从基本的节奏开始走。例:

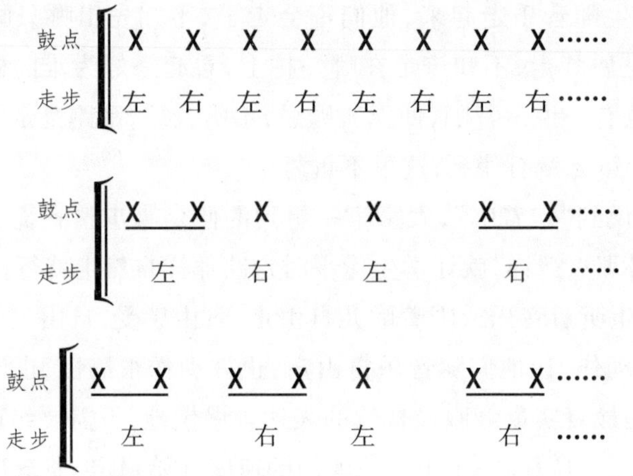

速度稳定后才增加其他节奏的练习(注意,这不是一节课的内容)。例:

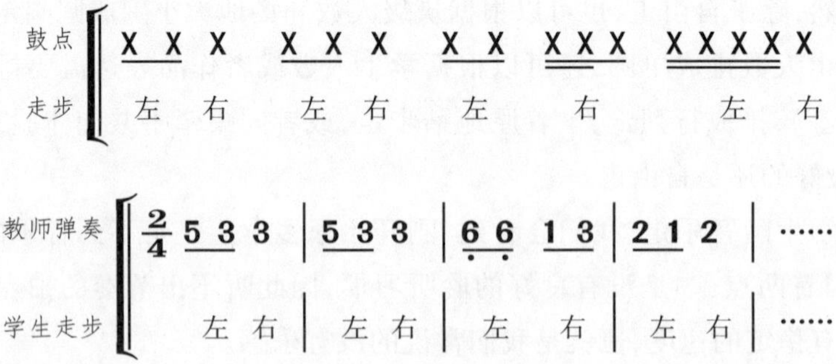

图 4–5

先从聆听鼓点开始练习走，再到教师为学生配乐伴奏走。教师即兴弹奏音乐有个好处，就是教师可以去引导学生走在节拍点上，如果不正确，还可以帮助他们做调整（见图 4–5）。

听音乐走，最关键的是要找到音乐的强拍，听出音乐的速度，第一拍要走在左脚上。这是一个从慢速开始循序渐进的过程。

开始击鼓可以由教师担任，然后就可以鼓励乐感好的学生来担任，因为击鼓也是一门功课，鼓点不稳，学生脚步就会乱。

教师即兴弹奏音乐也是有讲究的，比如教师可以提示音乐的速度，引领他们准确进入，这样，学生才不会找不到拍点。当学生对音乐的拍点有了较为准确的感知后，就要放手让他们自己听音乐进入了，每一个环节只有做到落实，循序渐进，学生才会准确表达。在这过程中，教师要随时关注学生学的兴趣，一旦发现学生兴趣渐淡，就要及时调整学的方式。当学生有了较好的乐感，他们聆听到音乐，就会情不自禁走起来，甚至翩翩起舞。

2. 想象脚步里那些多变的节奏

为了让学生找到节奏与速度的关系，可以做一些脚步节奏游戏卡，帮助学生从视觉上认识节奏。

这个卡向学生传达的意思是：音乐藏在你的脚下，你行走的每一步里都有不同节奏出现。例：

（1）一步一音。

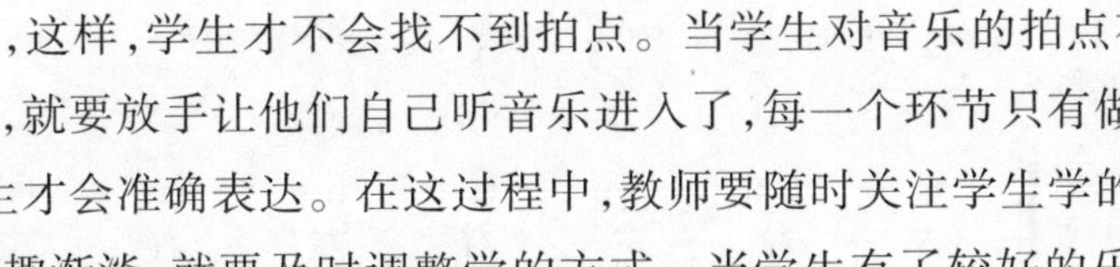

熟悉这个节奏后，可以播放背景音乐体验（建议选择速度平稳的二拍子歌曲或器乐曲）。

(2)一步两音。

脚步图

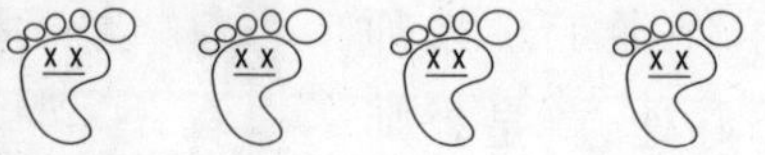

敲击节奏	ti-ti	ti-ti	ti-ti	ti-ti
走步	左	右	左	右

背景音乐:拍点明显的二拍子歌(乐)曲音乐。

(3)一步四音。

脚步图

敲击节奏	ti-ka-ti-ka	ti-ka-ti-ka	ti-ka-ti-ka	ti-ka-ti-ka
走步	左	右	左	右

单一的节奏练习,主要在于引导学生如何把节奏点找正确,当学生对这些节奏有了良好的乐感后,就可以进一步地学习实践了。比如随意地摆放节奏:

脚步图

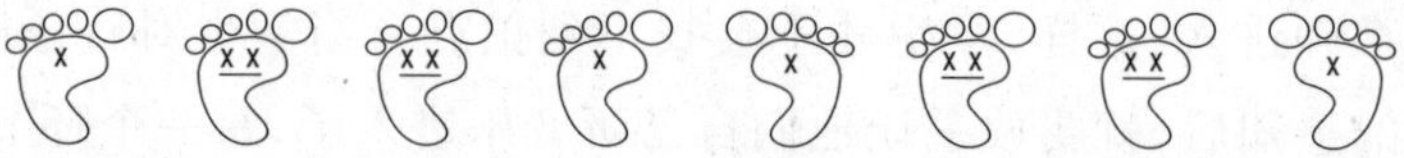

敲击节奏	ta	ti-ti	ti-ti	ta	ti-ti	ta	ta	ta
走步	左	右	左	右	左	右	左	右

先是教师来摆放,然后鼓励学生把节奏随意摆放,看看是否可以走出来或说出来。

当学生知道脚步图里面的节奏是什么意思后,就可以把脚步图改为节奏卡了。例:

	XX	X	X	XX	0	X	X	X
敲击节奏	ti-ti	ta	ta	ti-ti	si	ta	ta	ta
走步	左	右	左	右	左	右	左	右

或者:

	X X	X X	X X	X	X X	X X	X	X
敲击节奏	dong-dong	dong-dong	dong-dong	ci	dong-dong	dong-dong	ci	ci
走步	左	右	左	右	左	右	左	右

在柯达伊教学法中,四分节奏“X”读“ta”,八分节奏“X X”读“ti–ti”,十六分

节奏“XXXX”读“ti-ka-ti-ka”，二分节奏“X -”读“to-o”，休止符“0”读“si”，全音符“X - - -”读“toe”，附点四分音符“X·”读“ta-i”。这些表达有其地域特点，借鉴于课堂，学生是喜欢的。但中国的学生更喜欢自己听到的音色，他们说“XXXX”像中国鼓声“du-ci-da-ci”，“X”可以读“dong”，“X X”可以读成“du-da”或者“chi-ka”等。

想象脚步里多变的节奏，想象自己的脚步就是稳定的鼓点，在速度稳定的行走中说节奏、唱节奏，感受音乐作品，随着时间的积累，学生的乐感会越来越强，对节奏的理解和运用也会越来越灵活。

3. 走出音乐味

当学生速度稳定，步伐自然，有了一定的乐感后，就要开始帮助他们走出音乐的韵味了，这是走着唱最重要的一步。因为走着唱并非机械的动作，而是内心的表达，是对音乐作品理解外显的一种形式，但要做到这一点，还得一步步地体验。首先，大家一起走着唱，各自感受每个音力度的不同。

例：

唱旋律	1	1	5	5	6	6	5	-	……
歌唱力度①	●	○	●	○	●	○	●	○	
歌唱力度②	●	○	○	●	○	○	●	○	
歌唱力度③	●	○	◎	○	●	○	◎	○	
歌唱力度④	●	○	○	◎	○	○	●	○	
走步	左	右	左	右	左	右	左	右	……

注：●表示强　○表示弱　◎表示次强

这段旋律没有拍号，即每一拍都可以唱成强拍也可以唱成弱拍，也就是可以唱成四二拍的强弱（歌唱力度①），也可以唱成四三拍的强弱（歌唱力度②），还可以唱成四四拍的强弱（歌唱力度③），还可以唱成八六拍（歌唱力度④）、四一拍……歌唱的力度由学生自己定，不做统一规定。在速度稳定的自由行走中歌唱，这样唱出来的旋律才有韵味和表现力。

学生在行走中开始对音乐的力度有自己的理解，可以自然和谐地进行表达了，便可以带领学生进入歌曲的演唱，演唱歌曲除了做力度自由变化式表现，还可以加上一定的声势来表达，这样走着唱，就更有韵味了。例：

边走边唱《动物说话》旋律，自由选择力度来表现：

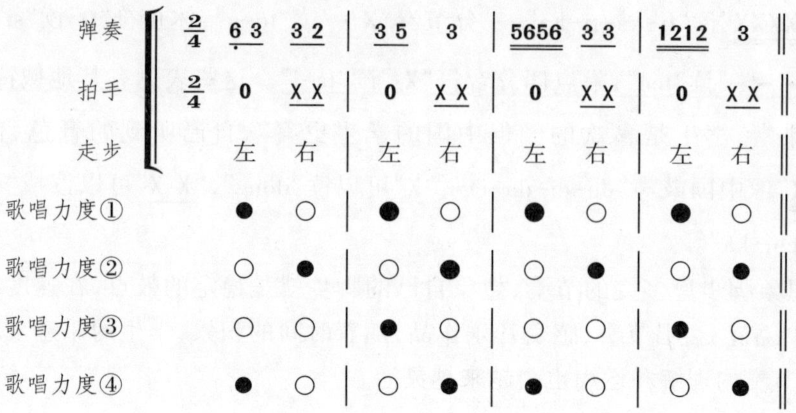

……

每一拍的力度由学生自由选择，不一定按四二拍强弱规律来表现，大家互相聆听，达成强弱起伏的旋律美感。

这些节奏、力度，一定要鼓励学生自己编创、体会，不要让教师完全代替。学生肢体放松，动作自然、力度富有变化地边走边唱，他们会感受到走着唱的特殊韵味。

4. 别忘手与脚的“情谊”

走着唱，一定别忽略手与脚的自然配合。

“手舞足蹈”，形容一个人高兴到了极点便会双手舞动，双脚跳起来。可见手和脚是最和谐，最不可分的情感表达方式，因此，走着唱、走着听，少了手的配合，忘记手与脚的呼应，走着唱，就会失去活力。

例：《彝家娃娃真快乐》

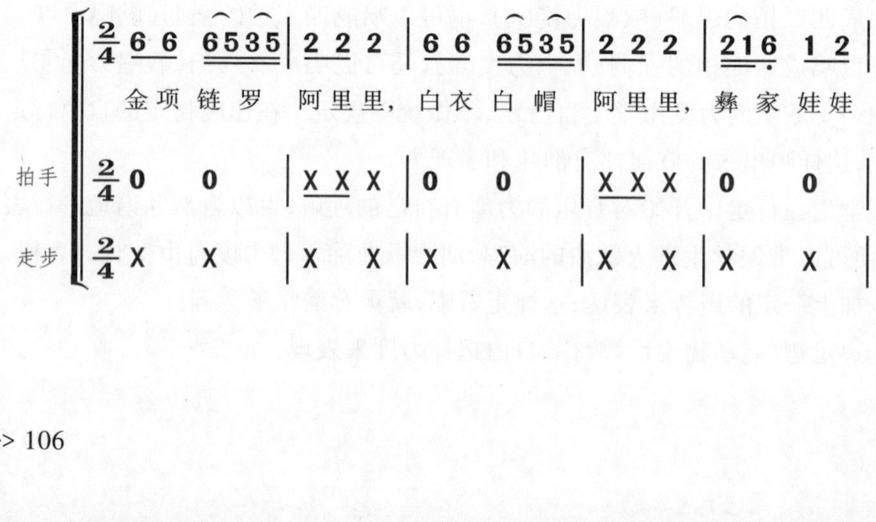

3 5 3 | 6 6 6535 | 6 6 6 ‖
阿 里 里， 真 幸 福 罗 阿 里 里

拍手 X X X | 0 0 | X X X ‖

走步 X X | X X | X X ‖

注：拍手，放在耳朵边上拍，让手和耳朵“说话”。

例：《洋娃娃和小熊跳舞》

学生可以边走边用手势表达旋律音高，如右手提示每小节第一个音的唱名和音高，左手在书中空白处画出旋律走向：

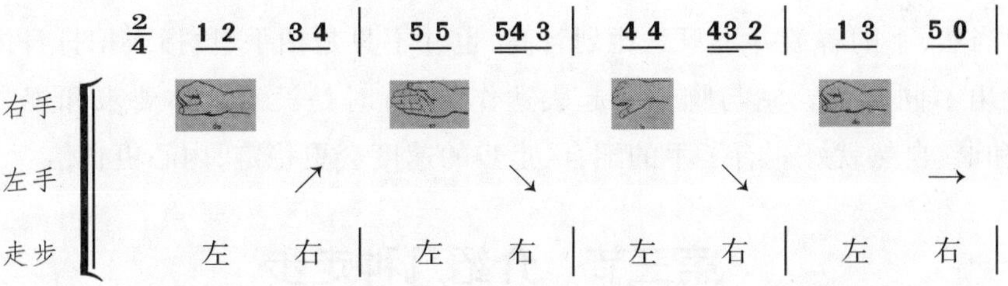

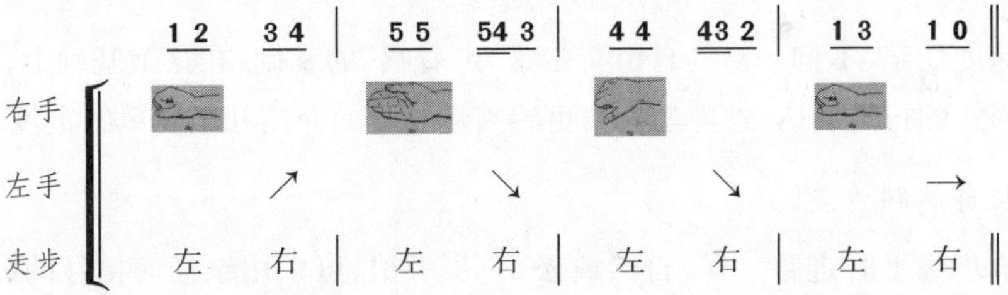

学生开始学唱旋律，可以只唱每小节的第一个音，教师来唱完整旋律；也可以先选择歌曲中一个片段进行师生互动式演唱，然后引导学生独立完成，注意是引导，不是说教。这样长期练习，学生的节奏感和音准是会有进步的。

例:《同唱一首歌》

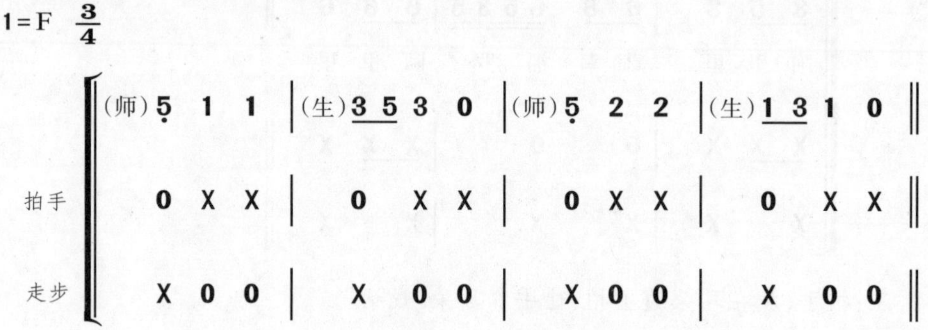

此曲为三拍子,学生最开始就用自然行走一步一拍的方法,只是强调第一拍可以大步一些,体验强拍与弱拍的不同。如果学习了其他走的动作,还可以用圆步走的方式来表现。

当然,手的解放并不只是比划音高,也并不只是拍手、捻指或拍打身体各部位发出不同音色。它与脚步一起表达作品,有时是没有具体要求和规定动作的,和谐、自然就好。有了手的配合,走步的速度会更稳定,内心更自信。

第三节 介绍几种走步

速度稳定、不拘一格的自由行走是“走着唱”的基础,在这个基础上,还能以多种形式的行走表达,这样学生会更感兴趣。下面介绍几个简单的走步。

1. 自然踏步走

脚步像平时走路一样,自然放松,一步一拍,可以用于任何拍号的歌曲,适合于最开始学习“走着唱”的练习。

“自然踏步走”是“走着唱”需第一个接触的动作,体育课上也许会讲踏步走,但音乐课上的自然踏步走与体育课的踏步走是有区别的,更随性,只要第一拍走在左脚上(弱起小节例外),一步一拍,脚步自然,身体、表情放松就行。手上的动作可以随意,如叉腰、拍手、捻指、拍腿、拍脸、拍肚子都行。但脚步不能乱,速度要稳定。

自然踏步走,看似简单的一个小动作,对学生来说却是一个不小的挑战,因为这个需要学生身体的协调能力和良好的乐感,只有他们慢慢体会,才能做到最好。

2.屈伸走

这个走步是自然踏步走的小小变化，膝盖一屈一伸，一步一拍，匀速自然，动作比自然踏步走稍显夸张，适合于任何节拍的歌、乐曲，学生身体更易放松（见图4-6）。

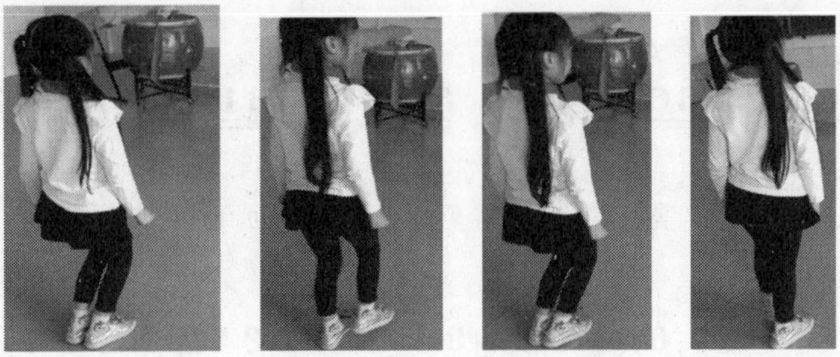

图4-6

3.靠步走

分为“一步一靠”“二步一靠”“三步一靠”。有点像藏族舞蹈的屈伸靠步走，适合于二拍子、三拍子、四拍子的歌曲。

（1）一步一靠走

即左脚跨出去，右脚跟到左脚处；或者右脚跨出去，左脚跟到右脚处（见图4-7）。

图4-7

此动作适合二拍子的音乐。

例:《巴塘连北京》

巴塘连北京

1=C $\frac{2}{4}$

慢速　　　　藏族民歌

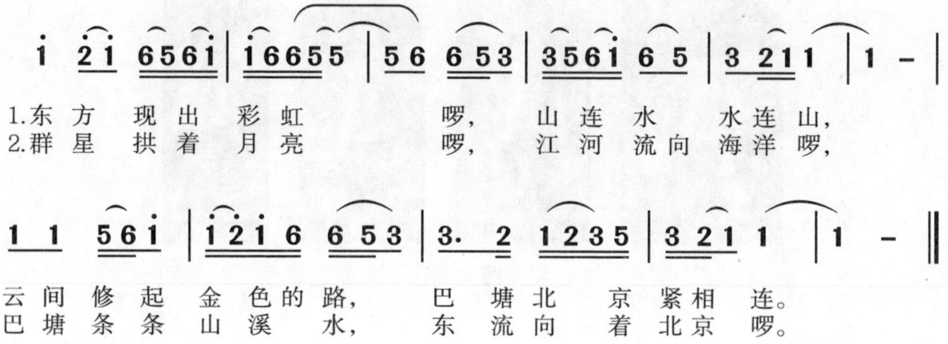

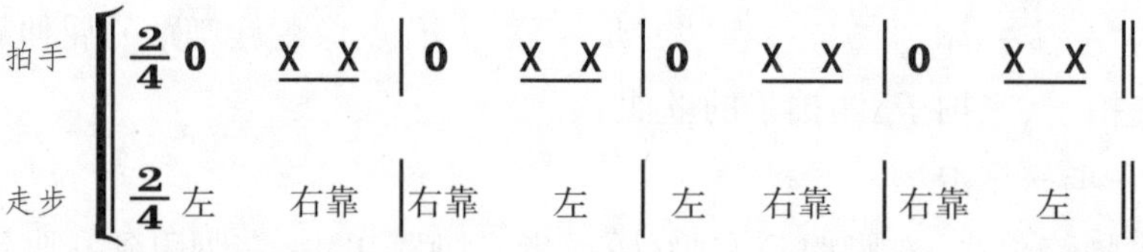

右靠:指右脚后跟靠左脚。左靠:指左脚后跟靠右脚。右靠、左靠依次进行。在节奏的帮衬下,学生的速度会更加稳定。

(2)二步一靠走

图4-8

同(1)的方法,第一步跨出去,第二步跟上,第三步原地踏步。这个走步适合三拍子音乐,特别适合围着圆圈由内向外做律动,也可以作上下行走的体验。

(3)三步一靠走

图4-9

第一步左脚跨出去,第二步右脚从左脚前交叉跨一步,第三步左脚再跨出去,第四部右脚紧跟左脚做点步。这个走步适合四拍子音乐。

例:《我和你》

学生站成两个圆圈,两人对立,左右靠步走,第四拍靠步,相对两人互相击掌,然后继续行进,第二乐句其他同学做反方向行进。在游戏活动中,学生不仅可以体验四拍子歌曲的节奏特点,还可以感受乐句的变化。

拍手	$\frac{4}{4}$ 0 0 0 XX	0 0 0 XX	0 0 0 XX	0 0 0 XX
走步	左 右 左 右靠	左 右 左 右靠	左 右 左 右靠	左 右 左 右靠
歌词	我 和 你 —	心 连 心 —	同 住 地 球	村 — — —

(4)圆步走

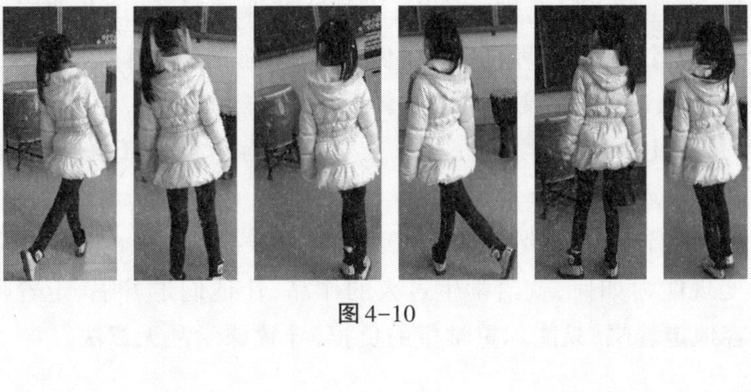

图4-10

第一步，左脚绕到身体右前方，同时身体面向右方向跟随，脚步稍大；第二步，身体转向左边；第三步，跟随。随后反方向，右脚绕到左前方，身体跟随转动，形成S形绕圈摇动的感觉。

“前后圆步走”与“左右圆步走”方法基本相同，只是位置改为前后。圆步走适合三拍子或六拍子的音乐。

例：《小白船》

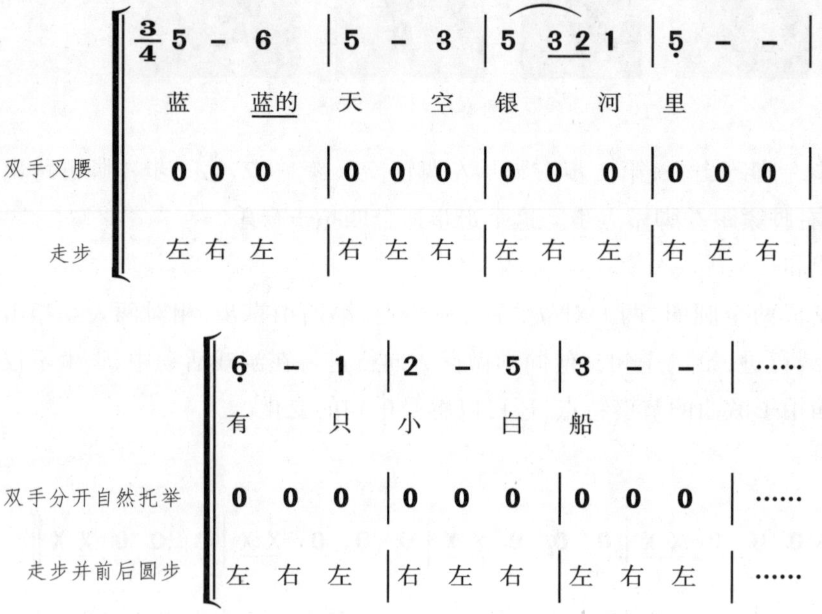

第四节　走着唱应遵循的原则

1.循序渐进原则

走着唱，要遵循循序渐进的原则，不是这节课想起了，这节课实施，下节课又不实施了，或者，为了所谓的公开课做一做，平常的课又懒得做了。走着唱的目的不仅是把控速度、解放学生的身体，让身体自由表达，让课堂学习更有趣味，其最终目标还要解放学生的头脑，让学习成为开心的事、有趣味的事，让学生愿意全身心投入其中。

因此，走着唱不能急，要一点一滴逐步推进。不要一说走着唱，不管学生理解能力和变现能力如何，就给学生过大的作品，让他们走着唱、走着听，这样没有理解内容地走着唱，只能加重学生的负担，导致课堂乱无章法。

怎么做?

首先从慢速模仿开始。模仿教师的动作,模仿优秀同学的动作。这样的模仿至少半年,模仿教师是如何随音乐自由行走的,模仿走着唱的不同动作,模仿教师如何寻找自己的独立空间走着唱,模仿教师如何与同学结伴走着唱……先从一拍一音慢速行走开始模仿,再模仿一拍多音速度稍快地行走,最后模仿教师如何在稳定的行走速度中演唱歌曲……

当学生能通过模仿找到走着唱的方法时,便可以鼓励学生自由体验了。这时候提供的歌唱作品尽量是节奏明快、速度较为稳定的。当学生能速度稳定地表达作品时,才开始鼓励学生富有创意地表达。

走着唱,走是速度,唱是乐,因此,走着唱的关键还在唱,走是为了更好地唱。因此,当学生会用稳定和自然的行走方式表达作品时,就可以编创不同的节奏来走一走,体验音乐的别样美了。低段从简单的八分节奏和四分节奏开始,然后逐步加入二分节奏和休止符进行编创。

从踩着音乐拍点简单走,到身体各部位声势的表达,这是循序渐进的一个过程,不是一蹴而就的。有的学生要到二年级、三年级才能做得更好一些,但如果每节课坚持做一点儿,最多三年的时间,学生的歌唱速度会变得稳定,对作品的表达能力会变得更强,身体会更放松,歌声会更美,同时他们也更乐于用身体体验音乐。当然,最重要的是,他们的乐感会越来越好,想象力会越来越丰富。

2.即兴与创新的原则

当学生脚步自然、节奏准确时,教师就可以指导学生编创声势进行走着唱的游戏了。

例:《我有一只小羊羔》

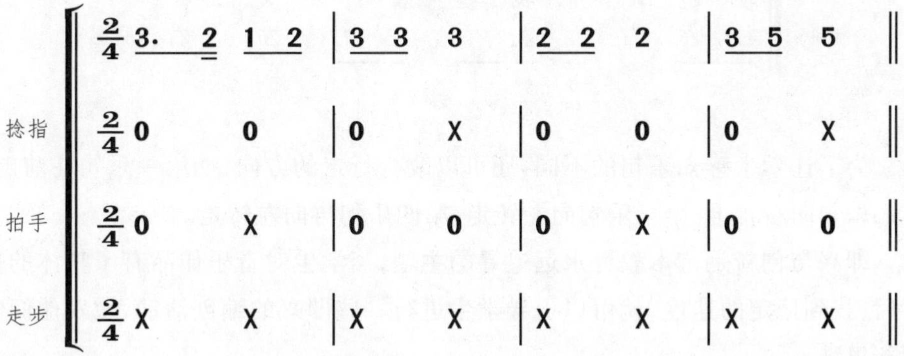

当学生可以根据节奏自由组合，并且速度稳定地进行行走体验时，便可以把他们的节奏组合用于歌曲教学伴奏或欣赏教学之中了。看到自己即兴完成的作品，他们会十分感兴趣。

例：《我的家在日喀则》(脚步稳定地边走边唱)

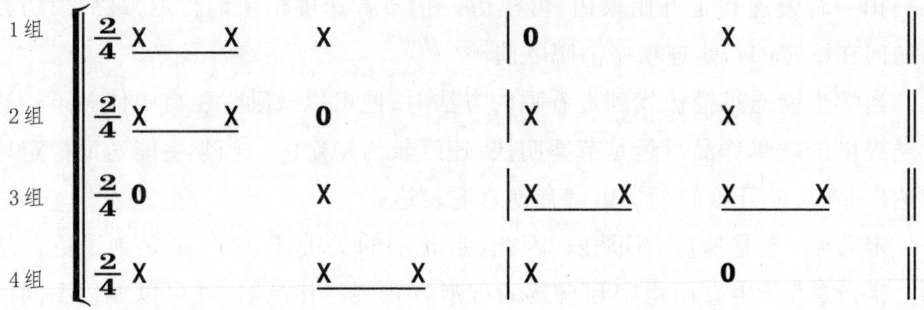

这些节奏既可用双手拍出来，又可用脚来伴奏。如果用手表达，脚步就用稳定的一拍一步行走的速度。如果用脚来伴奏，走就有了舞蹈的韵味。

再如歌曲《小雨沙沙》，这是由四个乐句组成的一段体，前两个乐句节奏相同，后两个乐句节奏也相同，可以带领学生围成圆圈做如下即兴表达：

为了让学生感知乐句的不同，还可以改变行走的方向，如第一乐句往前走，第二乐句向右转走，第三乐句向左转走，第四乐句再向左转走。

即兴与创新是艺术教育永远追寻的主题，当学生对音乐作品有了整体的把握后，找到稳定的速度，就可以引导学生进行一些即兴的编创活动，激发他们的创新思维。

3. 体现音乐学科特色的原则

走着唱，一定不能因为走而忘了音乐自身的特点。音乐是声音的艺术，因此，走着唱一定要重视聆听。走着唱的重点在听和唱，决不能因为走，把音乐学习变成无价值的游玩。

人音社音乐教材三年级上册(2012年版)第三单元有一个需要了解的知识——乐句。怎么给学生介绍“乐句”，课前挺为难，由教师直接介绍吧，学生不一定记得住，甚至不能真的理解，因为音乐具有非语义性，就是有，想想也不好介绍。思考良久，准备让学生通过走着唱自己体验。

于是，课上教师播放音乐，鼓励学生听着音乐走起来，要求每一句结束时改变方向再走，看看学生能不能听出这首歌曲有几个乐句。

学生听着音乐走起来，作品于学生而言比较生疏，学生聆听的又是旋律而不是歌词，开始有学生打打闹闹，乱转圈。别说听乐句，说话嬉闹的声音把音乐声都掩盖了，听不到音乐，自然是感受不到音乐的变化的。

如果要分析，原因其实不在学生而在教师，因为教师没有根据学生的实际水平设教，没有严格的课堂规则，学生是会随心所欲的。

于是，教师及时让学生止步，提出聆听时必须安静地感知，然后教师引领，师生手牵手，再听歌曲旋律(慢速)，在第一个乐句最后一拍停顿一下，第二个乐句改变行走方向采用同样方法继续边听边走……

乐曲结束，教师问学生，你们改变了几次方向？学生说四次。学生知道了四次，是否明白这就是四个乐句呢？不一定，于是，再次让学生边走边安静聆听。

这次教师没有带他们，而是让他们根据自己的理解转变方向走着听，教师在乐句开始处用碰钟轻敲一次，经过几次聆听、体验，学生基本听出音乐的变化。接着播放演唱，再次聆听，并鼓励某些学生来敲击打击乐，其他学生继续随音乐行走。

走着聆听乐句的游戏，虽然也有出错的时候，但经过多次体验，行走中自我纠错，学生听出音乐有四个乐句，这样走着聆听出来的结果，远比说教要深刻得多。

走着唱，走的是脚步，体验到的是节奏、速度、音乐情感以及内心的愉悦，外显出的是活泼而生动的形象。

但走着唱一定不能走入误区，以为走着唱就是好玩，就是好看，就是为了表现自我，因此让走着唱成为一种作秀的表演，课堂闹哄哄，教学一派繁忙却毫无意义，这是绝对禁止的。走着唱，一定不能脱离音乐学科特色，脚上可以自由表达，但耳朵需要聆听音乐，内心必须有音乐旋律，唯如此，走着唱才有意义。

第五章　玩着学

艺术的根本任务并不是作为理性的图解，也不是要最终得出某个理性结论，这是艺术与科学最大的不同之处。

——谢嘉幸

第一节　关于“玩着学”

1.玩，是进入音乐的桥梁

著名音乐教育家雷默曾说过：“音乐的感受是教不会的，音乐教师的责任就是搭个桥，帮助学生进入到音乐中去，贝多芬、莫扎特会教给他们怎样去感受音乐！”怎样搭桥，玩着学就是为学生搭建的一座最好的桥。如果教师心里有了这样的理念，课前就会摒弃那些讲（指教师）的条条框框，就会从另外一个角度（指学生）思考怎样把音乐变得有趣、好玩又不失音乐特色，就会更精细地研究教材、研究作品，揣摩音乐作品中的细微变化，并把这些变化与细节变成玩的资源。

有了玩中学的理念，我们就会更多地关注学生的学：关注学生的学习兴趣与学习态度；关注设计的活动是否能真正引领学生走进音乐；关注学生是否脱离音乐在做无效的玩；关注学生的参与度以及独立思考、创新、合作的能力；关注学生课堂上的兴奋点与失落点……

美国著名音乐美学家丽萨说：“我们不是到音乐自身之外去探寻音乐作品的意义，而是在它自身中去理解它。我们不问一个动机、乐句、乐段表示什么意思，而是问一个动机、乐句、乐段对我们来说是如何可以理解的，如何具有意义的。”因此，唯有玩着学，音乐才会真正走进学生的内心深处。

2.玩，是学的载体

所有的玩都是不应脱离音乐本身的，因为音乐毕竟是声音的艺术，这是音乐与其他艺术的本质区别。我们不能一提到玩就走偏了路，就去关注外部的花哨行为，忽略听觉的感知、情感的变化。

音乐活动永远包含聆听，绝不是单纯的表演。用心入情地听是音乐学习的关键。

玩着学，学是目标，玩是载体，脱离音乐本身的玩是无价值的、低效的。玩中学习，玩的是音乐，学的自然也是音乐，而非远离音乐作品以外的东西，其目的是享受音乐，激励创新思维。

玩着学不是花哨的展示，不是哗众取宠的表达，更不是为了一节公开课做给他人看的游戏，而是常规课堂上实实在在教与学的活动，是一种理念，一个方向，更是一个具体到需要关注所有细节，需要从点滴入手循序渐进、不断积累的过程。

我们并不担心玩，也不担心学，最担心的是“会玩不会学，会学不会玩”。这句话有矛盾吗？没有，这样的案例并不少，有些学生课堂上可谓玩性大发，但音乐却完全进不了他们的耳朵，只管自己的动作好不好看，只管激动地高声向对方倾吐自己的快乐，只管把自己内心的激动用打闹的方式表达出来，他们的心中没有音乐，这样的玩有意思吗？肯定是没有的！而有的学生又完全是接收的“容器”，他们会坐得端正，听得认真，记得仔细，却不会参与活动，也不会在活动中主动参与。学习，在他们的头脑里就是记忆，记住歌词，记住名称，记住曲名或曲作者……玩着学，就是要让玩成为学的载体，在玩中去感知、去省悟。

3.玩，是通过身体触及心灵的审美感知

音乐是情感深处的特殊语言，有时稍纵即逝，如歌中所唱“去似朝云无觅处”，有时又如可拥入怀中引嗟叹。它是抽象的、流动的，但又是具体可触摸的。唯有在玩中学，用身体去感知，作品的崇高与伟大、静谧与欢喜才会进入人的内心世界。

有许多循规蹈矩的课堂，学生可以用笔记本来记录学习的重难点，可以用心地唱准音高、记住歌词，但如果仔细聆听，歌声是不动听的，学生是不敢随音乐进行创新表达的，合作就更难了。音乐不是技术而是艺术，艺术的本质是创新、是审美。因此，我们要尽可能地把所有学生的积极性调动起来，引导他们全身心地参与到音乐中去，不做笔的奴隶（掌握基本知识却不知如何应用）、不做口的奴隶（会唱，但没有心动），让心灵动起来，让思维活跃起来。

玩着学，从音乐角度审视，多形式的游戏融汇着多元的文化理解，活动的多元与人性化设计已是时代进步的必然，人们的综合素养与创新能力不可能在循规蹈矩的接收中获得，需要在玩中顿悟。因此，玩着学，要从审美感知、艺术表现、文化理解的角度去设计玩的内容，通过身体的参与，触及内心的审美。正如《高中音乐课程标准》新一轮修订后，增加了“核心素养”这个寓意深刻的关键词，确定了核心素养的具体内容为三个方面：审美感知、艺术表现、文化理解，以此让学生获得可持续发展的关键能力。

玩中学习，更需要教师的智慧，玩的智慧，科学的管理办法。课堂需要有规则，守规则。玩音乐，更要引导学生懂玩的规则，相互合作、相互探讨、积极分享。会玩的孩子一定更智慧，会合作和分享的孩子一定更开朗和睿智。在这个过程中，教师一定要关注全体，激励每一个学生主动参与和表现，有规则意识地进入到玩的活动中来。

哈特曼①说：教法百人百法。其实，这远远不够，教有法而无定法，不仅是百人百法，甚至是百人千法、万法。同一素材、同一音乐，对于不同教师、不同对象，采用的教法自是不同。本章随后分享的“玩节奏”“玩旋律”“玩歌唱”“玩欣赏”四个方面的内容是笔者多年的教学随笔，根据类别做了归纳和一定的修改。

第二节 玩节奏

1.名字里藏着有趣的节奏

接手一个新的班级，记住学生的名字很重要，这是对学生的尊重，也是管理课堂的一个小窍门。如果能快速记住学生的名字，并在课堂上随口叫出他们的名字，那学生对教师的亲近感一定是不同的。

一年级时和学生接触的第一课，不妨玩一玩“名字游戏”，在认识学生的同时引领学生发现自己的名字与节奏的有趣关系，激发他们对音乐的好奇心。

中国人的姓名有意思，一般三个字和两个字的偏多(当然也有四个字、五个字的名字，不过这些少一些)。三个字的姓名可用节奏“$\underline{X\ X}$ X”或“X $\underline{X\ X}$”做游戏；两个字的姓名就更简单了，用节奏“X X”做游戏；四个字的姓名用节奏“$\underline{X\ X}$ $\underline{X\ X}$”做游戏。怎样把这些节奏通过玩的游戏融入其中，让入学一年

① 海因茨·哈特曼，德国人，著名的精神分析学家，创立自我心理学体系，代表作有《自我心理学与适应问题》(1939)，此书被认为是自我心理学史上继弗洛伊德《自我与伊底》之后的第二个里程碑。

级的学生感知到呢？

我们可以这样来玩：

教师先有节奏感地点几个有代表性的学生名字，比如三个字的、两个字的、四个字的，教师点到名后，学生先是聆听，回答“到”就行。例：

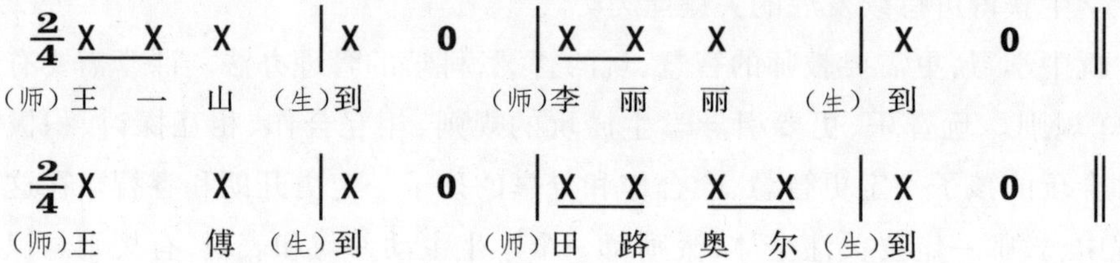

然后教师摆出节奏卡：XX X　X X　XX XX，学生猜哪个节奏是自己的名字，学生一般很快就猜到了，因为两个字的名字和三个字的名字很容易分辨，这时教师就可以在三个字的学生名单上玩一点儿小花样了，例如改变节奏再点名。

学生看着节奏卡 XX X　X XX，猜猜教师说的是哪个节奏，然后教师鼓励学生用不同的节奏说说自己的名字，再继续做这样的节奏游戏。

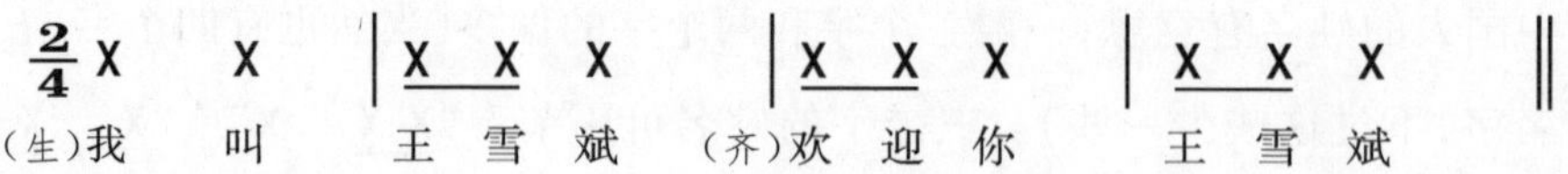

或者：

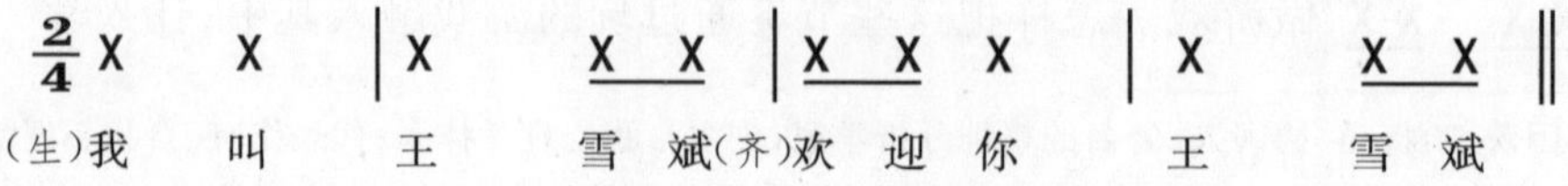

学生说时,教师出示卡片提示,这是给予学生视觉的刺激,说的过程同时也是视听的刺激,知道语言的变化也是节奏的变化。

为了加深学生对节奏的认识和理解,还可以训练学生稳定的速度,例如:

学生在教师的引导下围成一个圆圈或者横排坐,高高举起左手,然后手心朝上放在左腿上,第一拍右手去拍自己的左手,第二拍右手去拍自己右边学生的左手(如果是横排,最后一位同学第二拍拍自己的右腿),教师用稳定的声音引导。如:拍左手说“Du”,拍右边学生的左手说“da”。

拍	2/4 X	X	X	X	X	X	X	X ‖
说	Du	da	Du	da	Du	da	Du	da

当然,这个声音最好征求学生的意见,听听他们听到的是怎样的声音,比如有学生就说,拍自己的手发出的声音像“pia”,拍同学的手发出的声音像“chi”,那就鼓励学生试一试,听起来还真挺有意思。

2/4 X	X	X	X	X	X	X	X ‖
Pia	chi	Pia	chi	Pia	chi	Pia	chi

注意:“Pia”“chi”的发声用气声,不要大声说出来。这样更有韵味。

学生速度稳定后,师生可以开始边做拍手游戏边玩名字接龙游戏。

	2/4 X	X	X	X	X	X	X	– ‖
	(师)你	的	名	字	叫	什	么?	
拍自己的左手	2/4 X	0	X	0	X	0	X	0 ‖
拍右边同学左手	2/4 0	X	0	X	0	X	0	X ‖

	2/4 X	X	X X	X	X X	X X	X X	X ‖
	(生)我	叫	王 艺	丹	(师)你 好	你 好	王 艺	丹
拍自己的左手	2/4 X	0	X	0	X	0	X	0 ‖
拍右边同学左手	2/4 0	X	0	X	0	X	0	X ‖

然后学生依次回应，说出自己的名字，拍手的速度不变。

如果名字是两个字的，教师会这样回应：

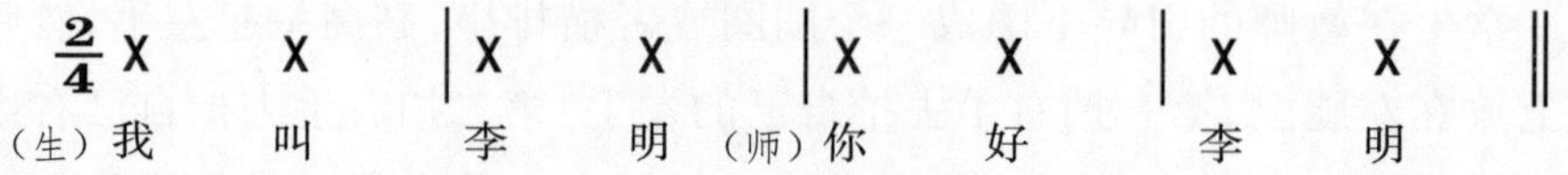

第一次游戏结束后，教师可以鼓励名字是三个字的学生用不同节奏说出自己的名字，比如“X XX”。为了让这样的游戏继续并且不失趣味，还可以在大家一起说同学名字时改为双手互拍或者自己拍手等；还可以把教师说的话让学生来说；也可以通过大声说出名字，集体小声来回应，集体小声问，学生大声来回答等游戏体验音乐的强弱变化等。

简单的名字游戏，其实不简单，因为里面包含对节奏的认识和运用，同时还可以在游戏中体验力度的强弱、速度的快慢等。

先从四分节奏、八分节奏来玩名字游戏，然后随计划安排逐渐增加难度。到了中高段，还可以用三连音、切分节奏等来玩名字游戏，比如四年级学了切分节奏后，就可以玩这样的说名字游戏：

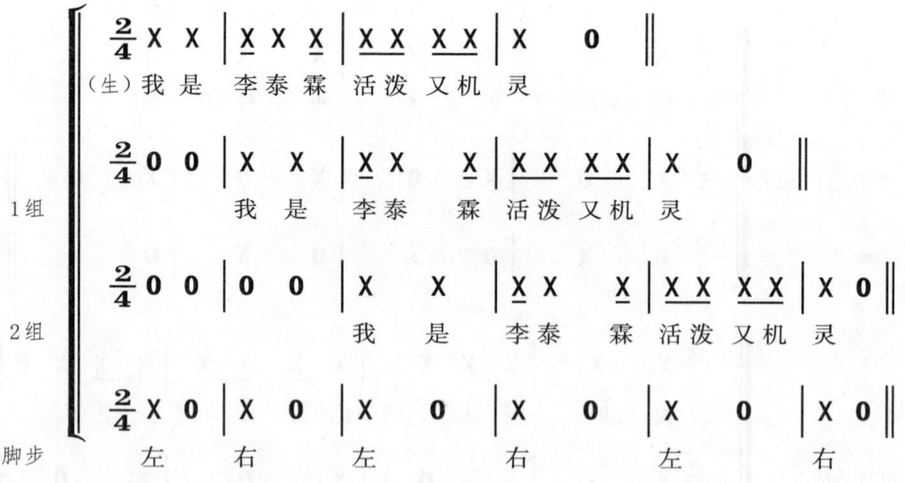

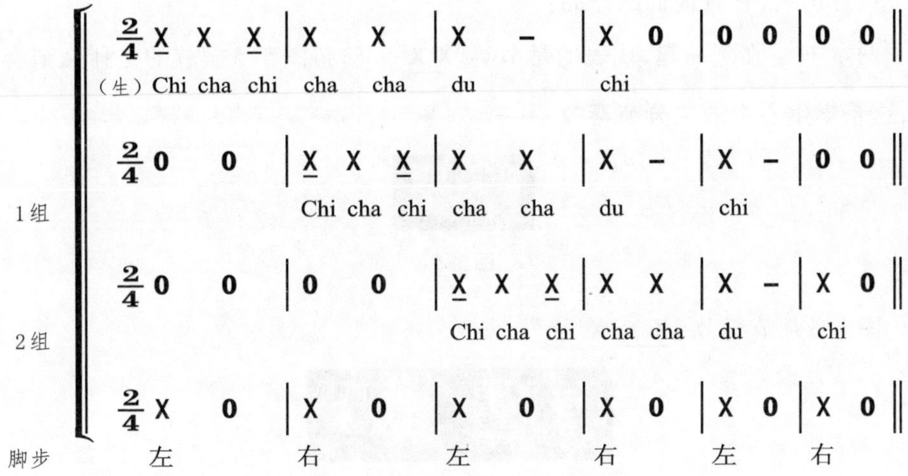

注：chi、cha、du都用气声轻声说，不要大声说出来。

2.我们这样编创节奏

看图5-1、图5-2、图5-3，知道学生在玩什么吗？

图5-1

图5-2

图5-3

这是二年级的学生学习了四分节奏、八分节奏、二分节奏和四分休止符后进行的节奏创编活动场景。

看图5-4也许你会想：地上的书是怎么回事？音乐书怎么乱扔啊？

这些书是他们摆出的节奏，是每个组学生领奏时的即兴创作。

图5-4

拉近镜头，看看他们的作品：

两本书叠放在一起，代表的是节奏“$\underline{\text{X X}}$”。猜猜图5-5摆放的是什么节奏？对，这是学生心中的二分节奏“X　–　”。

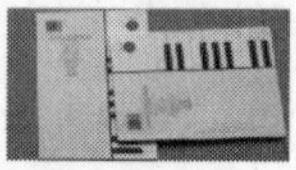

图5-5

图5-6是节奏“X　$\underline{\text{X X}}$　X　–　”。

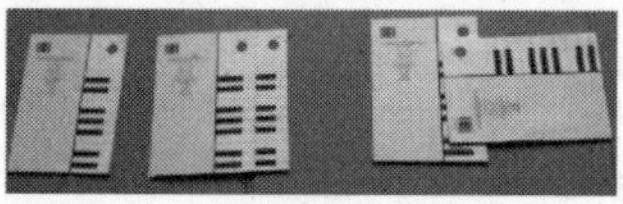

图5-6

图5-7是节奏“$\underline{\text{X X}}$　X　X　$\underline{\text{X X}}$　”。

图5-7

图5-8是节奏“X　$\underline{\text{X X}}$　X　X　”。

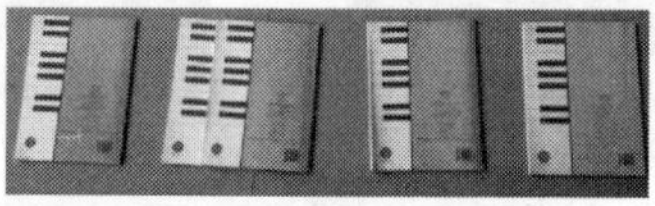

图5-8

图5-9是节奏“X　$\underline{\text{X X}}$　0　X　”。

图5-9

（空出的位置代表四分休止）

适量的书，发挥学生的想象力，他们随意摆放出四分节奏、八分节奏和二分节奏，以及四分休止符，出乎教师意料。

刚开始第一组的学生只拿到三本书，他们很着急，说：“啊？四拍哎，怎么

图5-10

图5-11

摆？”组员们马上出谋划策：“其中一拍不用书，空出来，作为休止！”于是，有了这样的节奏摆放“X X 0 X”（见图5-10）。

第二个组很有创意，他们经过商量，把其中两本书放到了一起。为了让其他同学在演奏时看明白，还在其中空出的地方画上了休止符，于是成了这样的节奏“X 0 X X 0”（见图5-11）。

学生的想象力十分丰富，为了鼓励人人参与，教师要求每一次表演都由不同的学生来担任领奏，并且每次领奏编创的节奏要有不同。为了不重复其他同学创作的节奏，学生们可以说是绞尽脑汁，开心得很。

创作出了节奏，是不是就完了呢？不是，这仅仅是玩的预备，这是四个小组的学生分别编创的节奏（之一）。

第一组	X X	X X	X	X X	‖
第二组	X	X X	0	X	‖
第三组	X X	X	X	X X	‖
第四组	X	0	X	X	‖

我们来看看他们是怎么玩这些节奏的。

这是第一组学生根据自己编创的节奏再设计的声势。

拍手	X 0	0 X	X	0	‖
拍腿	0 X	X 0	0	X X	‖

拍手：两个学生面对面，八分节奏单手交替拍击手和腿，四分节奏两人双手互拍。

拍腿:如果第一个节奏拍左腿,第二个节奏就拍右腿,依次类推。

这是第二组学生根据自己编创的节奏再设计的声势。

捻指	0	0	0	X ‖
声音	0	0	si	0 ‖
拍胸	0	X X	0	0 ‖
跺脚	X	0	0	0 ‖

跺脚:第一小节左脚,第二小节右脚,依次类推。

这是第三组学生根据自己编创的节奏再设计的声势。

拍手	0	X	0	X 0 ‖
拍手	0	0	X	0 X ‖
跺脚	X X	0	0	0 ‖

拍手:左手不动,右手击左手手心。
跺脚:双脚交替。
……

先分小组展示,大家观察聆听,看哪一组的学生对自己编创的节奏与声势能熟练表达,并且自然,富有韵味。

当每个组的学生都可以熟练地表达,就可以四个组同时一起来参与表现了。这时教师一定要提示学生认真聆听,听四个组编创的节奏一起表达出来是否和谐。如果不够和谐,领奏的同学就要带领本组学生调整改编,让和声和谐有韵味。

这样修修改改后,每次的和声都会有变化,并且越来越和谐。这是一种创新,更是对学生和声辨别能力的培养。

为了让编创活动更有趣,展示时还可以分组进入,或者选择大家比较喜欢的一个声势进行节奏卡农游戏;也可以把编创的和声用于歌曲的伴奏等。当每个组的学生用自己编创的声势进入时,教师要不断暗示学生去聆听,听自己声部进入时力度、音色是否合适。

每个组节奏不同,声势不同,和声也就不同。像这样自由编创玩节奏,学生可以玩一节课不知疲惫,这就是创新的魅力。如果让他们把自己创作的节奏写出来,一般不会有错误,那些看似复杂的节奏,也会印记在他们的心中。

3.“顽固”节奏很有趣

六年级有一首耳熟能详的歌曲叫《龙的传人》,这是一首四拍子歌曲,一段体,共八个乐句。歌曲结构规整、流畅,富有韵味。怎样让这熟悉而优美的旋律留在学生脑海中,让他们喜欢、乐学呢?在课堂实践中,我们做了这样的尝试。

创编固定节奏,用非洲鼓引入。

教师用鼓敲击一个固定节奏“X X X <u>X X</u>”,学生先观察、聆听,然后在鼓上模仿,体验敲鼓心、鼓边时手的力度所呈现的音色和力度的不同。个别没有乐器的学生用自己喜欢的声势参与。当速度稳定、节奏整齐、音色统一时,开始播放歌曲《龙的传人》音乐,让学生反复聆听。

当学生对音乐有了整体的印象后,教师开始演唱歌曲,要求学生用固定的节奏鼓乐或以固定的声势给教师伴奏。

在多次聆听、伴奏后,学生对音乐作品会有初步印象。这时,出示曲谱,学生看谱唱旋律,会很快掌握曲谱,并且兴趣盎然。

学生熟练掌握曲谱后,教师引导他们分组选择不同类别的打击乐器(金属类、铃声类、皮质类)为歌曲编创伴奏谱。

各小组组长和组内同学开始热烈地讨论,商量选择什么类别的乐器,然后组长把所选乐器分配到本组同学手中。教师发现,第一组选择的打击乐器是金属类,有碰钟、三角铁等;第二组选择的打击乐器是木质类,有串铃、棒铃、手铃等;第三组选择的打击乐器是皮质类,有非洲鼓、中国大鼓、小鼓等。

各组开始自己编创固定伴奏。

(1)金属类乐器组编创的节奏是“X 0 0 0”。

(2)木质类乐器组编创的节奏是“0 0 X⫽ –”。

(3)皮质类乐器组编创的节奏是“X X XX XX”。

节奏编好后,学生开始用手上的打击乐器参与演奏。

为了让音乐更有层次感,教师用手势指挥学生分组进入,如歌曲的第一、二句用金属类乐器伴奏,第三、四句让木质类乐器加入,第五、六句使皮质类乐器进入,形成多声部和声节奏。学生很快明白可以根据音乐做一些力度、音色与和声上的变化,于是,各小组在组长的指挥下,根据音乐又做了新的调整,包括互换乐器,再次改编节奏等。大家相互交流学习,不断改变方式参与,共同感知歌曲的节拍、速度、乐句、节奏和力度变化。

这节课没有采用先唱谱再唱词最后进行编创活动的程序,而是用自编自创的节奏,配上打击乐演奏。整节课看似在进行编创活动,在进行打击乐的演奏,但所有的活动其实都是在音乐声中进行的。教师不断暗示学生聆听音乐,通过不同的形式进行表达,音乐悄无声息地进入学生的内心。因此,当曲谱出现,学生对演唱歌词也驾轻就熟并在很短时间内完成演唱时,相信学生的脑海里不仅留下了美妙的歌声,还有富有创意的编创留给自己的激情和美好。

《雏鹰之歌》也用了同样的方式来教学,收获也不错。

这是一首四四拍的歌曲,为了让学生充分感受作品的整体美,教师要求学生在整体聆听时,用这样简单的声势来参与。

(1)

捻指	0	0	0	X	:‖
拍手	0	X	0	0	:‖
拍腿	0	0	X	0	:‖
走步	X	0	0	0	:‖

(2)

捻指	0	0	0	X	:‖
拍手	0	XX	0	0	:‖
拍腿	0	0	X	0	:‖
脚步	X	0	0	0	:‖

注:走步为左右踏步,可以原地踏步体验,也可以边走边体验,每小节第一拍踏步。

教师弹奏《雏鹰之歌》旋律，学生继续用声势体验。当学生对作品完全熟悉后，教师开始引导学生随伴奏演唱，这时的速度是稳定的，因为声势的参与，听到的歌声也是有韵味的。然后，教师鼓励学生在每个乐段选择不同的声势或律动来表达音乐，学生十分开心和积极，不管是演唱旋律还是唱词都进行得比较顺利和有趣味。

用固定节奏感受音乐作品，最好是每个乐段设计一个"顽固"节奏(指反复演奏的一个节奏)，这样表达起来乐段、乐句更清晰，玩起来也更舒服。

在低段用这样的参与方式，更受学生喜欢。

二年级有一首歌曲叫《大海》，歌词充满童真童趣，旋律也很好听。可实际教学时却有些出乎教师的意料：孩子们对歌词似乎并不感兴趣，演唱时心不在焉。为了让学生对大海有感性的了解，教师在课前收集了大量关于大海的图片和视频；为了让学生更好地理解歌词，教师还逐句做了精心的分析、朗读，并用简笔画画自己脑海中的大海形象。这些活动学生倒是喜欢，但一节课下来，教师很累，学生演唱兴趣依然不浓，学习效果并不理想。

怎样让学生乐意参与到演唱中呢？经过实践探索，我们发现从固定节奏入手带领学生进入歌曲，学生更喜爱。

课前教师设计了一个十分简单的节奏，如下：

$\frac{3}{4}$ X　－　－ | X　－　－ :‖

注：用丝带按此节奏轻舞，想象挥舞的丝带是海浪，六拍完成一次挥舞动作。

教学前教师什么都不讲，在音乐声中引导学生随自己一起先用动作来表达，边做动作边听演唱。节奏很简单，但当学生的丝带随音乐自然飞舞时，音乐也慢慢进入他们的内心，他们对歌曲也就熟悉并喜欢起来。经过几次体验，他们甚至会演唱了。练习过程中，《大海》随时作为背景音乐出现。

低段的学生很容易投入这种游戏。进入高段，有教师说学生不喜欢动了，特别是进入六年级，学生开始进入青春期，表现方式开始内敛。其实并不尽然，好参与和表现是每个年龄段人群的共同特点，只是随着年龄与学习经历的增加，他们的认知能力和自尊心都变得更强，怕自己的动作达不到"美"的标准，怕同学不理解和嘲笑。这时候，教师要做的是给予学生更多鼓励、赞赏，引导学生学会欣赏他人，敢于表达自我。有了正确的导向，高段的学生表现与创造思维能力肯定远胜于中低段的学生。

4.节奏可以这样写，这样摆

有了经验的积累和循序渐进的实践体验，课堂上的学生开始有了自己的见解。进入高年级，他们开始自己编写和声和节奏，并且开始创编自己觉得方便记忆的节奏谱。

在玩节奏的游戏中，学生觉得记录声势的方式太繁复，提出了改进意见，这是他们的书写和解读：

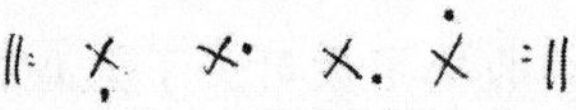

①  节奏下面标点表示跺脚。

②  中间位置标点表示拍手。

③  节奏右下标点表示拍腿。

④  节奏头上标点表示捻指。

这是他们编的谱：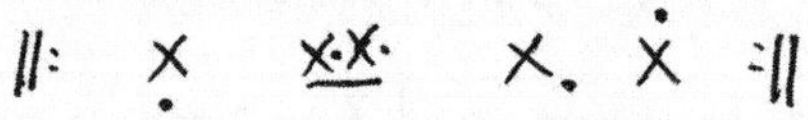

学生对自己的创意很在意，一般教师会给予鼓励，并激励他们去做更多的尝试。

教师们曾把这些学生的创意用于低段的学生，低段的学生也喜欢，特别是磁铁位置的随意调整，声势的变化便丰富起来，学生更容易看懂，也更容易找准节奏和身体位置。图5-12是为歌曲《月亮月光光》编创的节奏谱。你一定在想这是什么意思吧？

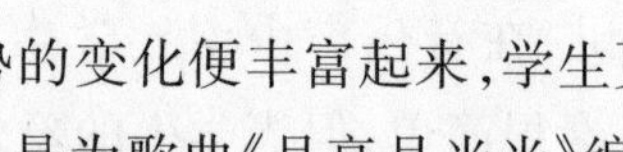

图5-12

解读一下：一个圆圈表示一拍，一横排四个圆圈，表示每小节四拍，最后一拍在线外，表示弱起。

例：第一乐句

$\frac{4}{4}$ 3 | 5　–　$\underline{5\,6}$　$\underline{1\,2}$ | 3　–　–　6 | ……

空拍　手腕　手颈　手尖　空拍　手腕　手颈　手尖　空拍

注：空拍，指右手手心朝上轻轻上抬回到手腕位置。

这样挥拍，第四拍的弱拍以及歌曲最开始的弱起节奏就清晰起来，学生会感觉身心舒畅，像妈妈在抚摸自己。这让歌曲有了夜的宁静。看学生课堂上的表现，便知道学生是真心喜欢（见图5-13）。

图5-13

第三节　玩旋律

1.玩一玩，写旋律

从图5-14中能看出学生在玩什么吗？

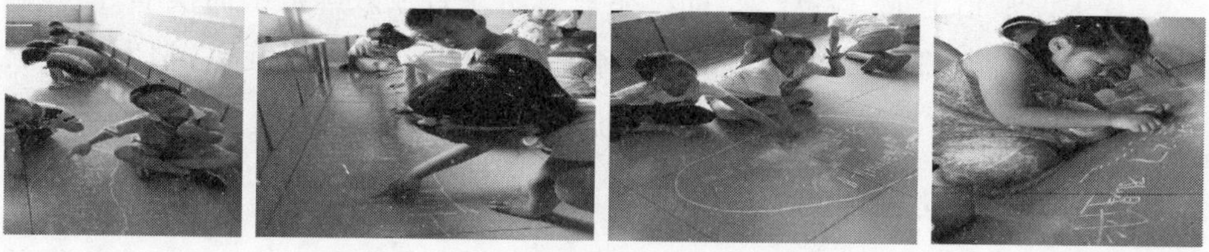

图5-14

大家可能已经看出来了，这是学生在写旋律。

说到旋律我们可能首先想到唱，的确如此，对旋律音准的把握关键还在于多唱，但心中无旋律形象的演唱是课堂所忌讳的，要唱好歌曲，唱准旋律很重要。如果不唱旋律，唱不准旋律，不清楚旋律的结构，到了中高年级后，学生的音准、节奏、和声等问题就得不到根本解决。

对旋律的演唱甚至书写我是从不回避的，特别是低段，课堂上我会用一定的时间组织学生来玩节奏和旋律，为他们今后能真正走进音乐打基础。

写旋律说起来无趣，但做好了，学生一样喜欢。比如两人一组（不超过3人），一人唱，一人写，或者共同唱、共同写、共同纠错，写完后在曲谱下面写上自己的名字，然后各组之间互相交换并评价，告诉对方好在哪，错在哪，然后再次完善，直到完全写正确。

自己独立写正确的旋律在学生心里是美好的，也是记忆深刻的，他们很自豪，这时教师再鼓励他们唱出来，一般这时候的演唱都是比较让人开心的。

不要认为书写旋律难，一年级时我们可以从补充旋律开始，比如歌曲《粉刷匠》第一乐句，当学生会唱后，教师板书出这一句：“5 3 5 3 | 5 3 1 | 2 4 3 2 | |”，然后擦掉其中一小节让学生来补充，再逐渐加大难度，比如擦掉中间稍复杂的旋律，或者擦掉两个小节的旋律，直到最后全部擦掉，最后让学生凭记忆书写出来。

这样的练习可以培养学生三个方面的能力：

一是课堂专注力。只有认真关注，记谱才不会出错，自然也才会唱好。

二是良好的观察能力。只有把音乐的节奏和时值看准确了，书写出来的乐谱才会正确，当然唱出的音才准确。

三是比较能力，只有对各小节的唱名、节奏有比较、辨别，书写的旋律才准确，歌唱也才会更完整。

音乐课最怕上成“捡歌”课，即学生只管听录音或教师范唱而模唱，离开教师或伴奏则什么都不懂，甚至音不准、歌词记不清。写一写旋律，学生会更喜欢唱。

2.玩一玩，画旋律

画旋律看起来比写乐谱好玩有趣，但实则更难，因为只有学生心中有旋律音高，并且对每一个音的高低、长短有准确的判断，才可能画出正确的旋律线。

引导学生画图谱，还得从一个乐句甚至一个小节、几个音开始。旋律怎么画？学生可能会想当然。没关系，让学生把想当然画的旋律图谱唱一唱，学生自然就会找到问题所在。

比如，唱下面这段旋律，找一找哪个图谱与旋律吻合。

$\frac{2}{4}$ 1 1 5 5 | 1 1 5 | 3 1 0 |

1. 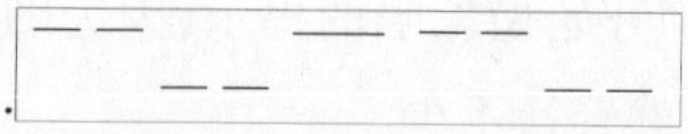

2. 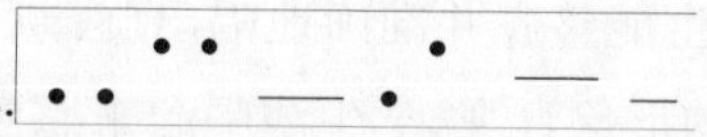

一般情况下，99%的学生能找到正确的图谱。说明学生自身的音高判断能力还是很强的。让学生看着正确的图谱唱一唱，旋律的音高、长短就会在学生的内心留下直观的印象。

图5-15

图5-15是一年级学生在根据歌曲旋律画图谱。

刚开始练习画图谱时建议两人一组，这样，学生可以商量，互相帮一帮，出出主意，互相解决一些各自遇到的问题，这也是一种学习。

不管是演唱歌曲还是聆听乐曲，如果仅仅停留在简单的聆听和肤浅的模仿演唱上，那是走不进音乐的。不管是复杂的旋律还是简单的乐谱，只要深入进去，就会发现都是有规律可循的，再现、循环、一段体……图谱画多了，实践经验丰富了，就找到旋律进行的特点了。通过画图谱，学生会发现那些看似复杂的作品原来挺有趣，也没有想象中那么复杂。

比如进入三年级，学生开始接触合唱。那么，怎样才能使学生更好地理解合唱呢？教师用图谱说话，例：

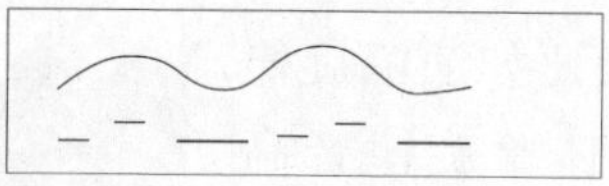

图5-16

第一次看到图5-16，有学生说是山和海。随后教师播放一段合唱曲让他们聆听，问他们是否听到了不同音高的旋律在同时演唱。经过仔细聆听，学生听到了多声部的旋律，这时教师告诉他们这就是合唱，合唱就如这幅图，不同的场景（旋律），同时融合在一起（唱），和谐而美丽。

《美丽的黄昏》是一首轮唱形式的歌曲，为了让学生了解轮唱，在歌曲教学一开始我并没有出示合唱谱，而是同样采用画有错落摆放的两条线的图帮助学生聆听，让学生感知两个声部旋律相同，但因进入时间不同而形成的特殊和声，从而让学生感受轮唱和齐唱的区别。

当学生能整齐并准确地唱出旋律后，教师开始做轮唱的提示，因为图谱（见图5-17）的形象直观，学生演唱起来感觉会自然轻松不少。

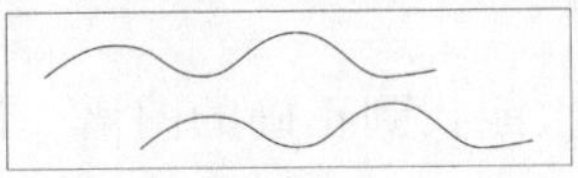

图5-17

《钟声叮叮当》是一首合唱曲，第二声部很简单，就两个音“do”“sol”，但在以往的教学经验中，学生很难掌握第二声部的音准和节奏，加上这是首弱起节奏的歌曲，学生第二声部总是唱不准确。采用图谱教学后，学生用上他们自己编创的图谱（见图5-18），学习就变得更有趣和简单。

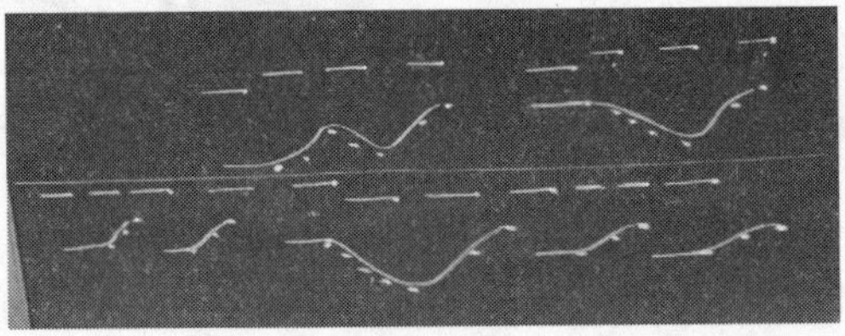

图5-18

画旋律图，可以更直观地看到音的高低变化、旋律的走向。比如是上行的还是下行的；是波浪形的还是直线形的；是连贯的还是点状的，这对学生掌握音准很有帮助。特别是选用简谱教材的学校，更应多画画旋律。

3.拉起手，一起体验旋律音高

唱好旋律的玩法很多，比如演唱旋律时两人一起拉起手，共同体验旋律音高等。（见图5-19）

图5-19

方法1：拉起手，一起聆听音程。

两人一组，手拉手，教师弹奏单音，两个学生一起随音高低起伏，如果一人没听准，他们的动作就会不协调，这个练习，特别适合训练学生听辨音高的能力。

方法2：拉起手，一起演唱旋律。

学生一边唱旋律,一边用两人相拉的手的高低变化表达旋律的走向,这个特别考验学生对旋律的熟练程度以及对音高的快速判断能力,如果他们心中有正确的旋律音高,一起完成的动作就协调自然,如果其中一人不熟悉旋律或者对音高判断有误,动作就是不和谐的。

方法3:拉起手,一起聆听乐曲(片段)。

听一段旋律,然后两个学生手拉手把这段旋律的音高表达出来。这真是对学生的考验,因为只有学生对音高有了较好的判断能力,才能准确地表达出来,其中一人稍不正确,就会出现不和谐的动作。比如《单簧管波尔卡》的第二乐段是典型的上下行旋律,学生听这段音乐一般没有多大问题,但依然有部分学生对音高不敏感,遇到这种情况,如果两人中有一人听懂了,就可以帮到另一位同学。

拉起手一起听旋律音高,是一种和谐而美好的互帮互助方式,特别是在学习音乐上有一定困难的学生,在同伴的帮助下,他们会学得更轻松,进步更快。

第四节 玩歌唱

1.动作营造歌曲意境

好动是学生的天性,抓住这一点,并将之运用于教学中,将会取得事半功倍的效果。

学习《布谷》一课时,学生对"布谷、布谷,不停地叫,来到田野、草地和树林,春天,春天你快来吧"这段歌词不是很理解,因此很难记住歌词,唱起来特费劲儿。实践了几节课后,我发现用表演的方式来帮助学生理解歌词,效果还不错。

做法是这样的:引导学生用身体动作或造型扮演田野、草地、树林,部分学生想象自己是春天里的布谷鸟(见图5-20)。

图5-20

田野、草地、树林三个情景听起来简单,但用身体来表现还真是一件不容易的事,但这是学生喜欢的活动,同时通过这样的活动还可以培养他们的创新思维能力，特别适合小学低段学生好奇、好动、无拘束的性格特点。

学生一般是能愉快地完成这个任务的。

“田野、草地、树林”三个情景可以是意向性的，也可以根据音高的变化自由表达。别说，学生还真有创意，有四人一组双手交叠表达田野的；有躺在地上双手向上轻轻摆动扮小草的；有七八人一组自由组合表现树林的……其余的学生扮布谷鸟穿梭其中。当唱到结束句“春天，春天你快来吧”时，所有同学根据自己的理解边唱边表现自己看到的春天，真是创意无限。

通过自由创编动作，学生不仅记住了歌词，而且创造性思维能力也得到了激发。

一开始设计情景表演时，学生有些羞涩，不好意思，在教师的鼓励、提示、指导下，一些胆大的学生开始实践，慢慢地，每个学生都参与其中。当四个学生双手向前环抱、下蹲表现田野；五六个学生随意盘腿坐在地上，双手向上曲举，五指分开微微轻抖表现森林里微风轻拂；几个高矮不一的学生双手举过头顶，双臂交错，表现错落有致的树林时，教师也被感染了。

歌曲的意境是否能进入学生内心，有时候，真的是几个简单动作便可以带动的。

2.用动作体验乐段、乐句

《大树妈妈》是一首一段体歌曲，共四个乐句。教师可以和学生玩这样的游戏，让学生体验乐句。

大树妈妈

1=F $\frac{2}{4}$

胡天麟　邱根元　词

龚耀年　曲

轻轻地

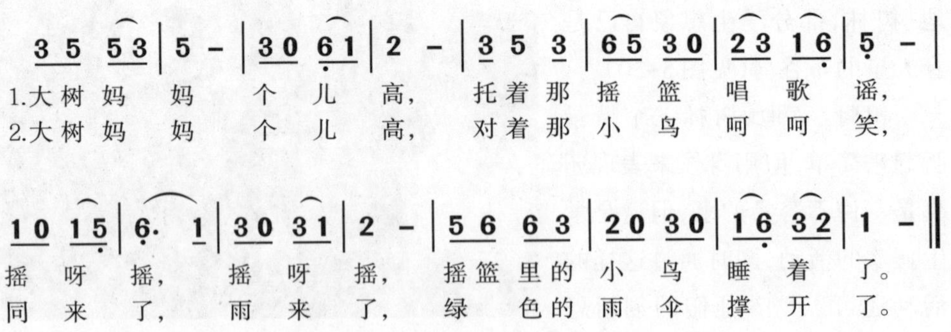

学生分四个小组，音乐起，第一组学生边走边随音乐用身体律动表演并唱"大树妈妈个儿高"，最后一拍动作定型；接着，第二组学生演唱第二乐句"托着那摇篮唱歌谣"，同样最后一拍动作定格；第三组学生接着演唱"摇呀摇，摇呀摇"，最后一拍定格；第四组学生面对前面三组学生演唱最后一句歌词"摇篮里的小鸟睡着了"。

先整体聆听范唱，教师引领学生用不同动作分别表达每一个乐句，然后学生在教师的帮助下分组随音乐体验乐句，当学生对歌曲有了整体感知，便可以鼓励学生根据自己的理解自由表达了。

也可以在歌曲的前奏中让学生做集体造型，待主题旋律出现时，再让学生对每一乐句做造型进行表达。

对乐句的理解尽量不停留在语言表述上，要在音乐中去体验，多用身体去感知。用身体感知比唱出来生动，更能触动人的内心。一个乐句就好比一句话，语言的表达靠的是气息以及声音的抑扬顿挫来实现。聆听音乐、表达音乐作品，除了歌唱，身体也是很好的工具。用身体表达听到的音乐，学生喜欢，并且思维也更加活跃。

《柳树姑娘》是个二段体的歌曲，教师怎样让学生体验这两个乐段节奏和情绪的不同呢？依然让学生根据自己的理解设计动作表达，他们边唱边设计动作，很自然地思考音乐表现的意境，比如第一乐段节奏舒缓，旋律优美，似杨柳在微风中舞蹈，学生在设计动作时想到了用丝带在手中的飘舞表达风吹柳树的婀娜和柳枝被拂进池塘的情景。演唱第二声部衬词"啦啦啦"的同学则轻轻抖动手中的丝带。第二乐段"洗洗干净，多么漂亮……"节奏紧密，欢快活泼，学生想到了用戏剧中的"小碎步"来表现。学生有趣的边歌边舞真是美好，不仅动作美，对音乐作品的理解也是贴切的。

一些小游戏，简单的小律动，完全可以让歌唱变得有趣，让课堂变得有活力。

柳树姑娘

1=F $\frac{3}{4}$

中速

罗晓航 词

夏晓红 曲

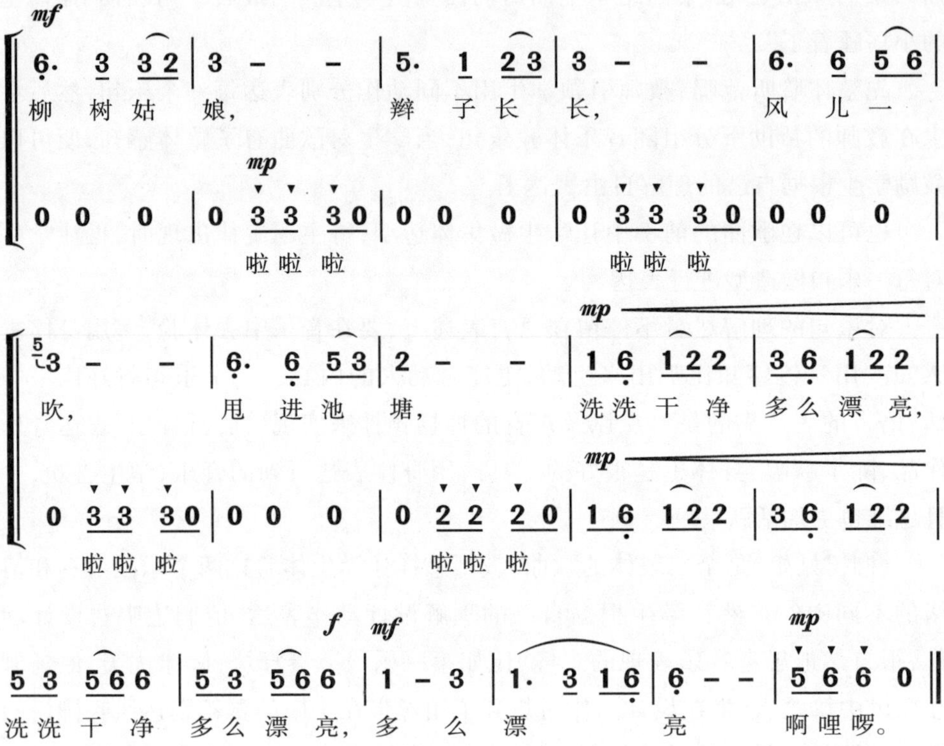

3.玩玩“哑娃唱歌”

学生唱歌有一个较难解决的问题，那就是音准。音不准并非无法解决，只要选对学习方法，比如默唱方法。

我们常把默唱称作“快乐哑娃”，即先开口做无声歌唱，用内心去感受音高，找到音高后再放声唱出来。

怎么进行无声歌唱呢？

唱歌前，先做耳聪目明的“哑娃”，把听到、看到的旋律、歌词，采用开口不出声的办法随伴奏或示范音乐无声地唱出来，想象听到的歌声就是自己的演唱。

这样的方法对学生来说是一件很简单的事，关键是教师要注意观察，引导学生听到音律，不出声地找到音高。“哑娃歌唱”不是让学生真的做哑娃，而是不出声，但内心要有音高以及歌唱的声音位置，即内心要歌唱，这个很重要。

为了让这样的学习有趣味，效果更好，教师可以放手让学生互帮互学。比如，学做“哑娃”时，可以让相邻学生面对面默唱，互相关注对方的歌唱口型和表情，咬字吐字以及换气是否正确，也可以四人一组或六人一组共同学习，大家互相关注，互相提醒。

在发声歌唱时可以由小组内音准较好的学生先来，默唱的学生紧跟其后，比如音准好的先唱第一乐句，音准稍差的第二乐句才进入，逐渐达到音高统一。若还唱不准，可以继续当“哑娃”，直到觉得自己已能唱准音才开口唱。特别是合唱歌曲，唱旋律时，大家默唱各自的声部，然后再轻声唱出来，如果没唱准，再次默唱，组内同学相互纠错，共同提高。有学生称此为“哑巴合唱”，这样的训练方法效果还不错。

学音乐，首先要学聆听，听范唱、听身边同学的演唱、听教师唱……先有听再有唱，只要用心，歌声就会准，就会美。特别是音不准的学生，在集体歌声中当“哑娃”熏陶一会儿，歌唱音准以及表现能力就能得到提高。

4. 玩玩如何“断句”

俗话说：框格在曲，色泽在唱。作品再好，不会唱，唱不好，唱不出作品风格和特色也不行。

《渔光曲》是音乐教师们比较熟悉的一首声乐作品，其中有这样一句：

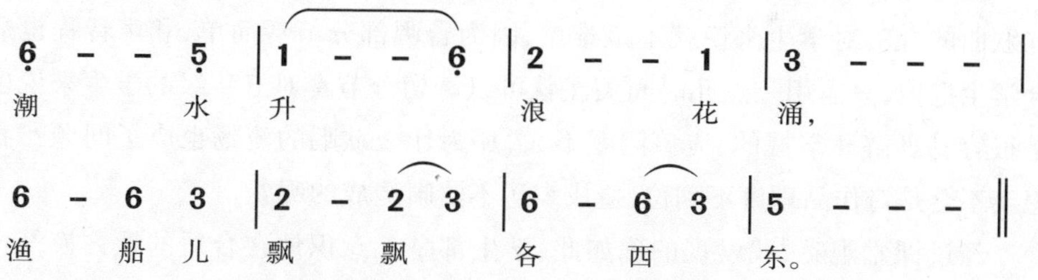

演唱这一句，有两种断句的方法，第一种断在第四小节结束后：

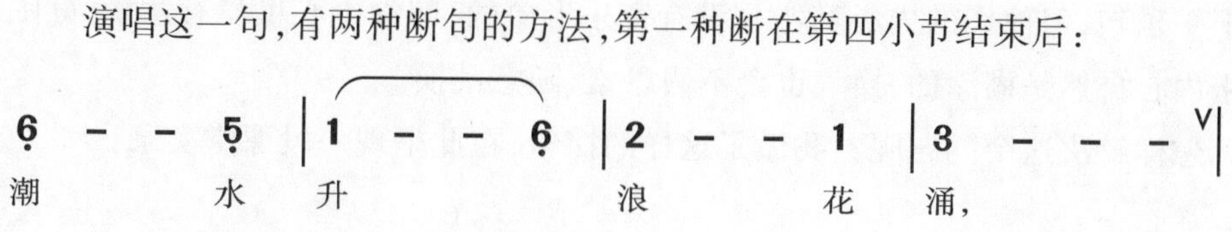

还有一种是断在第二乐句的中间：

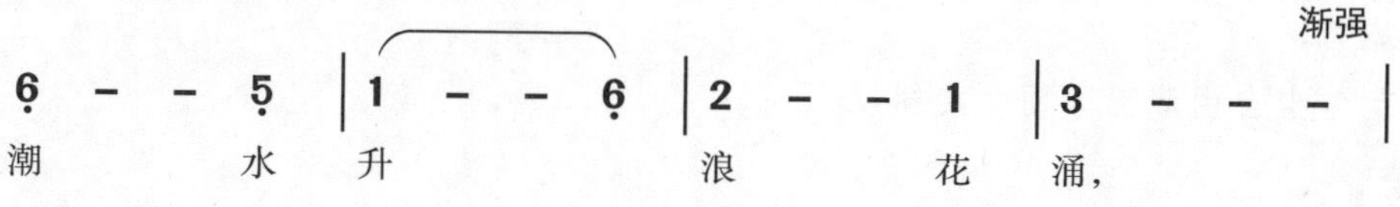

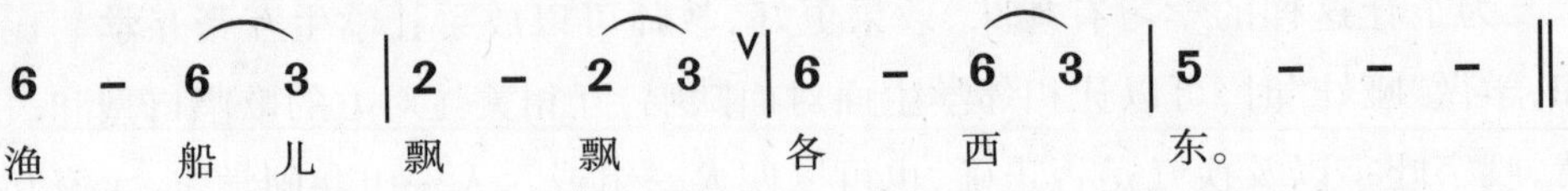

这时就会发现，“涌”字唱够四拍并渐强，助推到“渔”字并顺势唱完“渔船儿飘飘”几个字后才断开，那种潮水汹涌，渔船在大海中飘摇的凄凉景象便生动地跃入眼前，这就是不同的断句带来的不同意境。

音乐和语言有相似之处，把话说得充满激情并感染他人就需要独到却又合情合理的断句，音乐也是一样的，不一定都是在某一个固定的小节结束的地方断句，也不一定就断句在标点符号处，歌唱时合理且有表现力的断句，需要师生对作品进行深入的理解。

有意境、有激情的断句，还得从分清乐句，清晰表达开始做起，只有把音乐作品的乐句理清楚，唱明白，并有序地搭建在心中，方可启动情感的闸门，开始富有创新的断句，让歌声更有感染力。

我曾上过一课《春雨蒙蒙地下》，这首歌曲很多教师反映比较难上，学生学起来比较困难。难在哪儿？有教师说是合唱部分的音准问题难解决；有教师说是切分节奏不好掌握；有教师说歌唱流畅有感染力有点难……

这是五年级要学的作品，如果平时教师比较关注学生歌唱的音准，那么这首歌曲的合唱对学生来说就不是难点，因为合唱部分节奏简单，和声音程也适合学生把控，只需用一点儿时间关注就可以。切分节奏对五年级的学生来说也是很容易理解和掌握的，应该问题不大，那为什么歌唱的流畅也成了问题？我想会不会是对作品理解不到位，造成表达不清晰造成的呢？

经过课堂观察，我发现的确如此，学生都是无意识地在合适的地方换气再唱下一乐句，但他们的内心其实是没有音乐形象的，即学生心里没有意境，歌唱起来内心自然是糊涂的，换气也会不假思索，随意乱换。

怎样解决这个问题呢？我做了这样的探索，在此呈现一段课堂实录：

师：请看黑板上的旋律，大家找方法自由练习，希望大家把握好节奏，尽快完成。

学生自由演唱下面的旋律。

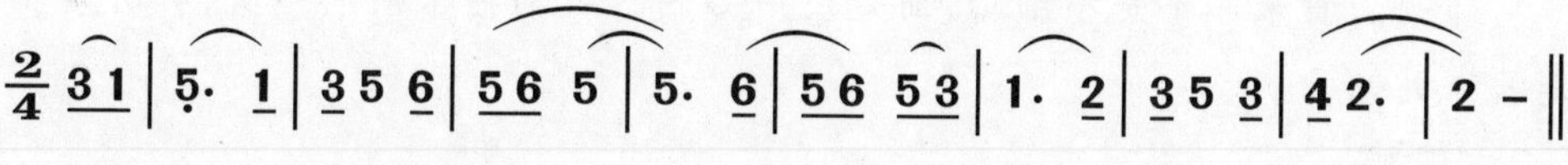

学生很快掌握节奏,基本唱准音。

师:请大家一起随教师的伴奏唱一遍旋律。

生:……

师:有问题吗?

生:没有(的确,学生打着拍视唱,因为有一定的读谱基础,旋律与节奏在教师的伴奏下基本准确)。

师:请用换气记号把你刚才演唱的换气点标注出来。

(生1在乐句最后一小节结束的地方,也就是“6”的后面标记出了换气记号)

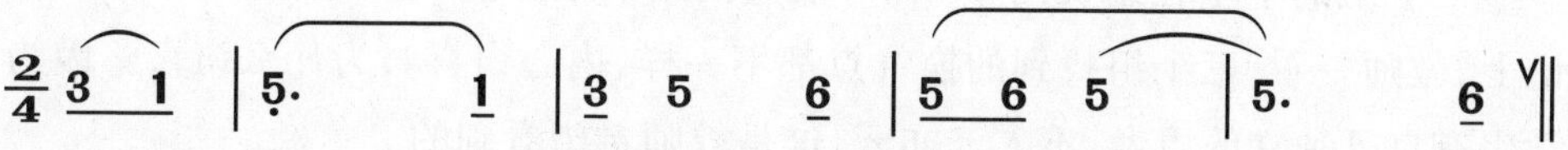

学生笑。

师:为什么笑?

生:我们不是在那里换气的。

师:我说的是把他演唱换气的地方告诉你们,不是你们的演唱,要不我们听听他的演唱?

生1演唱(但没有在“6”后面换气,而是在“5”的后面换气)。

师:怎么了,为什么没在换气记号处换气?

生1(发现问题):我记错了,应该在“5”的后面换气。

师:哦? 为什么刚才记错了,怎么想的?

生1:我当时想的是,一句结束,应该结束在一个小节线的后面,不可能在“半中半腰处”(四川方言,指没结束的地方)断开。

师:哦,有意思,“半中半腰”,这里吧?(指“5”音结束点)那你又是怎样发现问题的呢?

生1:我是演唱的时候发现的,如果结束在“6”上,唱起来不舒服,也不好听。

师：嗯，看来你不是不细心，而是没用心啊。我们再来演唱一次，听听是不是歌声更美了。

生1唱：

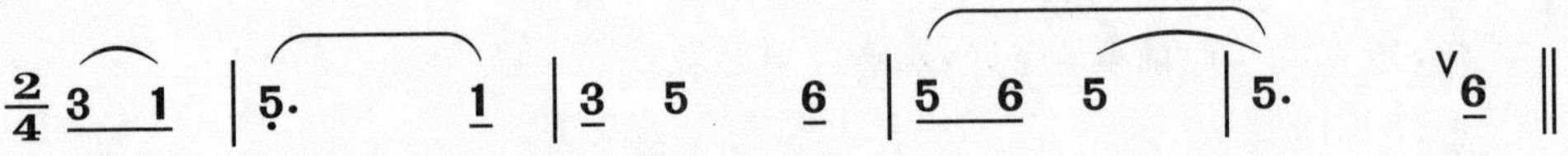

其实这个学生演唱时也是在一个乐句结束的地方自然换气的，但他标记的换气点却错了，由此可看出学生的演唱其实是无心的，他们并没有用心理解音乐。没有准确的理解就没有自信，没有自信的演唱，歌声一定是不动听的。

教师接下来分组，让学生讨论这首歌曲的结束句可以如何换气，讨论完后标记到乐谱上。

三个组的学生在组长的带领下，很快找到歌唱的换气处，并分别标记到乐谱上，教师一看，三个组找到的换气点都不一样，内心窃喜。为什么窃喜？因为学生有自己独立的思考，不人云亦云，这是教师希望看到的。

第一组换气处：

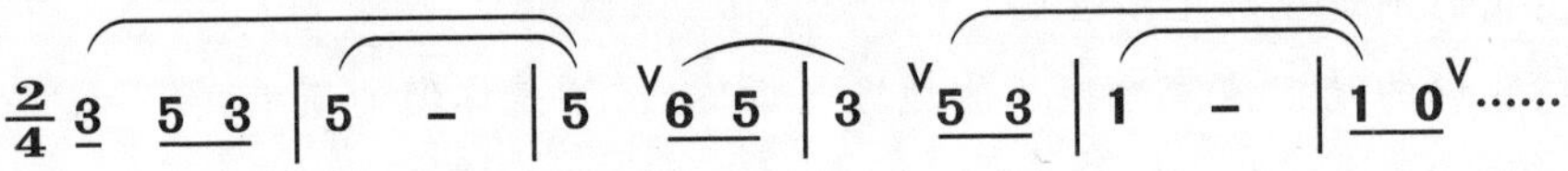

这个断句听起来清晰自然，也很清新。

第二组换气处：

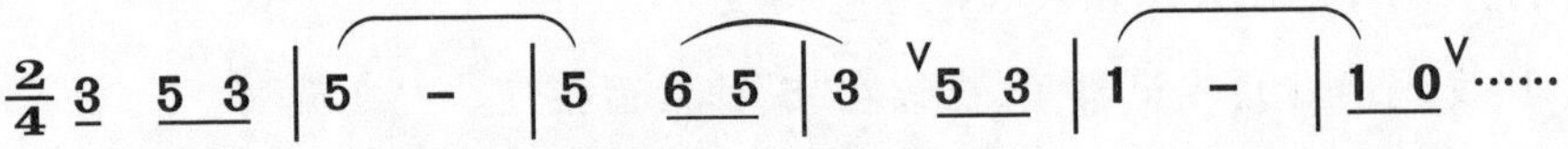

这样的换气更富有艺术表现力，情感更为饱满。

第三组换气处：

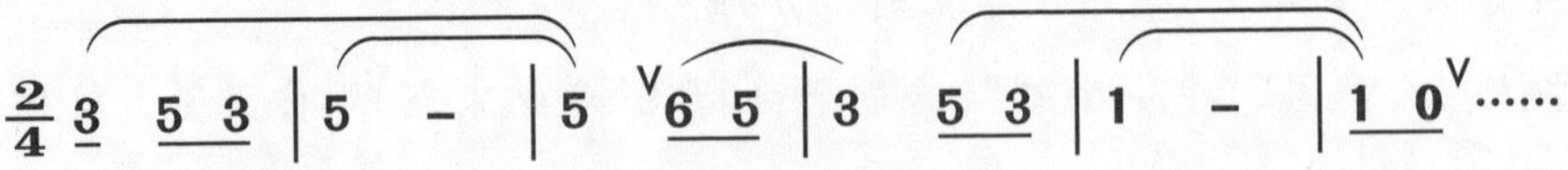

这样换气也挺有意思。第二句的演唱要连贯，一气呵成。

教师没让他们先说为什么这样换气，而是让他们先唱出来，先演唱再告诉大家为什么这样换气。结果就是,学生在唱自己的作品和聆听他人的演唱中不断受到启发,对音乐作品的意境有了更深的理解,更加喜欢上这一句原本就一个“啊”字的乐句。记得那天正好下雨,教师用伞做道具,和学生一起随音乐边歌边舞,学生的思维也十分活跃。

一首好的歌曲就如一篇好的文章,多揣摩品味,能品鉴出不同的意境和韵味。音乐原本就是富有想象力的艺术,表达并无固定模式。学生自己理解,自己去悟,一定远比教师讲述的更有价值,学生也会更感兴趣,这个很重要。当学生能根据音乐情感的需要合理断句,他们的歌声就会更流畅,也会更动听。

有教师说,学习断句其实很简单,何必让学生去唱旋律,看歌词就行,歌词的标点处就是换气点,同时也就是断句点,如果真的如此,音乐就失去艺术的魅力了。音乐不完全等同于语言艺术,它是语言尽头最深情的表达,是语言无法言说的艺术,指导学生理解乐句,根据自己的理解断句,还是从旋律中去感悟为好,这样才会更准确,歌唱起来也才会更有韵味。

帮助学生理解如何断句,不是一句话能说清的,更需要在演唱中体验。哪里断,如何断,需要教师和学生对音乐作品有深入的理解。只有认真领悟,才能准确表达,这样的歌唱也才会有感染力。

5.用打击乐为歌曲伴奏

下面是为歌曲《云》编创的伴奏。

钟琴	$\frac{3}{4}$	3 5 6	5 - -	1 3 2	1 - - ‖
中音钢片琴	$\frac{3}{4}$	1 3 5	1 3 5	1 3 5	1 3 5 ‖
中音木琴	$\frac{3}{4}$	1 3 5	1 3 5	1 3 5	1 3 5 ‖
低音钢片琴	$\frac{3}{4}$	1 - -	1 - -	1 - -	1 - - ‖
	$\frac{3}{4}$	1 - -	1 - -	1 - -	1 - - ‖
低音木琴	$\frac{3}{4}$	1 - -	3 - -	1 - -	3 - - ‖
	$\frac{3}{4}$	1 - -	5 - -	1 - -	5 - - ‖

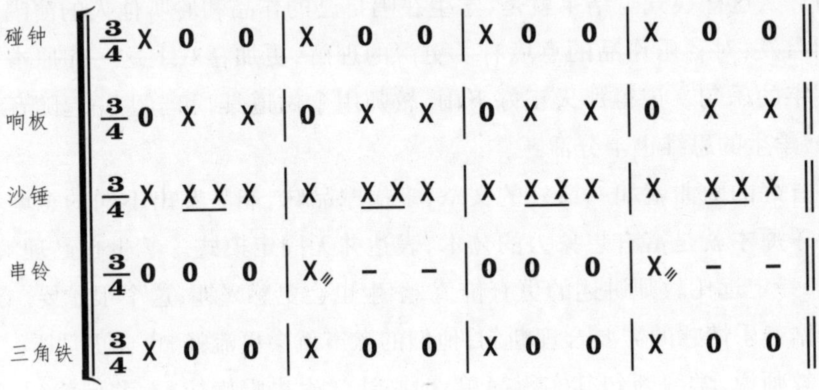

这是为歌曲《放牛歌》演唱部分编创的伴奏。

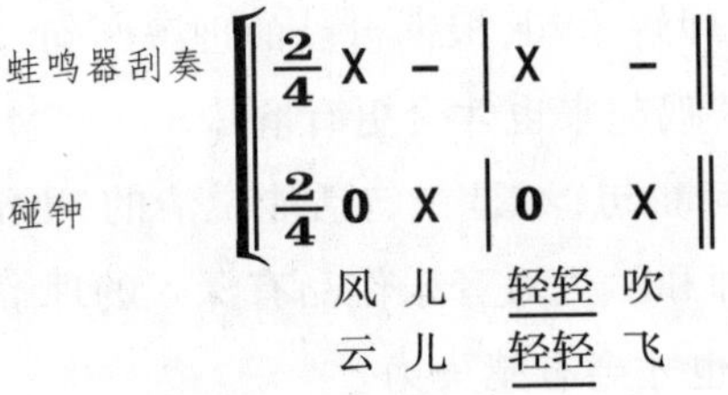

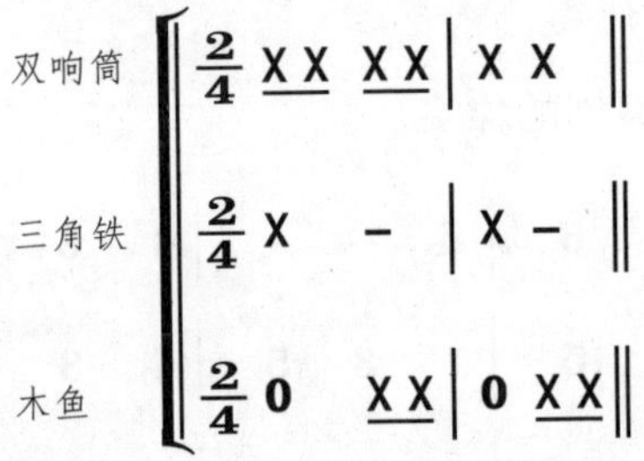

这是为《放牛歌》间奏编创的伴奏。

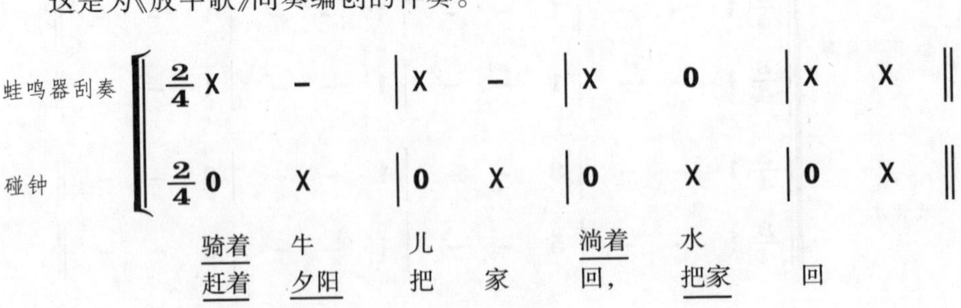

在低段,用打击乐器为歌唱伴奏是学生最喜欢的。

最开始可以由教师来引导学生用打击乐器为歌唱伴奏,比如拿乐器的姿势、敲击的动作;如何敲击乐器发出的音色更好听;如何分声部进入;如何聆听演奏出来的音色是否和谐;等等。然后教师逐步放手让学生自己来揣摩、体验。

当学生有了一定的演奏乐器的能力,就要鼓励学生自己来编创节奏、选择乐器为歌曲伴奏。《放牛歌》的伴奏就是学生根据自己的理解编创的伴奏谱,教师适当给予了一些建议。

用打击乐器为歌曲伴奏可以分组进行,这样学生参与的机会更多,创作出的作品也更丰富。同时组与组之间也能相互观察、学习、借鉴。教师这时要做的重要事情就是观察、发现,观察学生是否有效参与,观察他们用打击乐器的动作是否规范……发现学生好的创意,要及时帮助他们在全班分享。如果一节课能发现学生二至三个不错的即兴创意,并帮助他们把这些好的创意表达出来,就会发现,学生的演唱会更有韵味,更有激情,因为这是他们自己编创的,他们自己感受到了、体会到了,心中自然充满自信与愉悦。

第五节 玩欣赏

1.用简单图示表达作品的结构美

如果让学生随意聆听一首乐曲或歌曲,就会发现一个有趣的现象,大约有五分之一的学生是不会听的,他们会找相邻同学说话、打闹、自顾自地玩耍……大概有五分之三的学生表面上安静聆听,但仔细观察他们的眼神与表情,会发现这是个假象,他们的心里根本没有音乐,只是碍于教师的威严,不敢出声,最多两分钟时间,他们会慢慢进入前面五分之一的学生行列,心儿飞到九霄云外。当然,也有五分之一或者更多的学生是会真正聆听的,他们专注、思考,然后会提出一些不懂的问题。

为什么聆听音乐的学生会走神?

其实,这是教育心理中的一种自然现象,我们急不得,更不可见此就大动肝火,与学生过不去。若要学生保持长久的学习兴趣,很重要的一点就是要找到学生学的兴趣点,通过这个点教给学生学的方法。只有找到了学的方法,学生学习才会主动，教学也才会高效。

画图谱，似乎是一个很老套的办法，但很实用，特别适合保持学生聆听时的注意力。

继续以歌曲《春雨蒙蒙地下》一课为例。学生边听演唱，边画图。

师（问生1）：能给同学们介绍一下吗？

生1：这是我想象的画面，第一部分在歌唱春雨，第二部分唱的是雨中的杨柳，因此我用了这样的图来表达（见图5-21）。

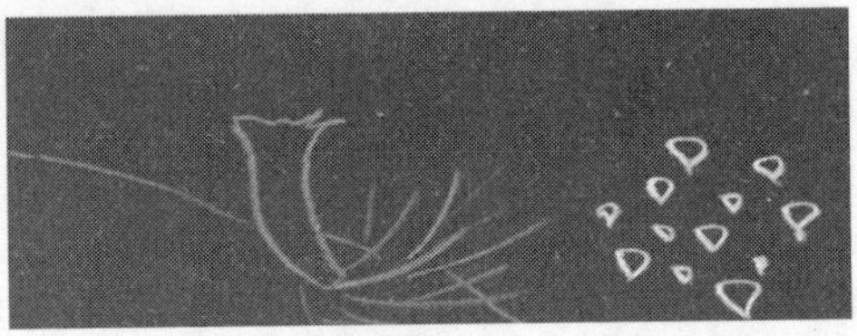

图5-21

师：哦，挺美，也挺清晰。

师（问生2）：你介绍一下？

生2：第一部分是歌唱春雨落下的情景，我听出音乐是圆润的，因此我画了一个圆圈，想表达（圆润的）美。第二部分旋律更加富有激情，起伏更加明显，让我想到了春天勃勃向上的美景，因此我用蓝色笔画了几条线，表达我无法用语言说出来的那种美好（见图5-22）。

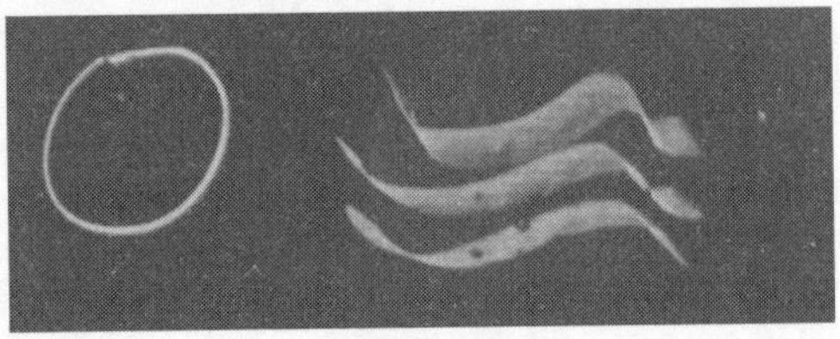

图5-22

师：我喜欢你的解读，也看懂你的理解了，与音乐很贴切，很有创意，我很欣赏。那同学们看着这两幅图，一起再来聆听一次。

教师不直接告诉学生说这是主题音乐；这是发展部分；这个表达的是什么；这又是哪一部分，表现的是什么，而是在聆听中引导学生感悟音乐的主题，找到作品中乐句与乐段的变化，并用简单的图示把内心的情感与对作品的理解勾画出来。这样，学生就会在内心建构起直观的音乐形象，聆听到的音乐就会更有吸引力。

用简单的图形表现出音乐结构，有时不需看曲谱，学生也能准确地唱出作品中乐段主题。

这是学生为歌曲《小蜜蜂》画的结构图（见图5-23），每一段还写了曲谱。

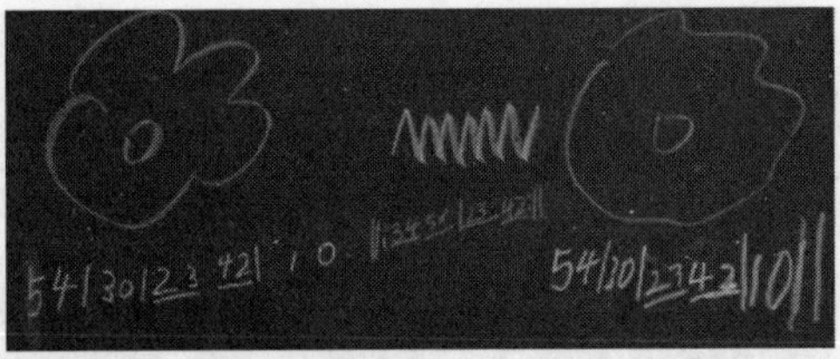

图 5-23

用简单图示勾画出音乐作品的轮廓，让无形的乐音成为有形的意境，对理解整个作品和深入学习是有帮助的。它能帮助学生建立起音乐作品的整体形象，架构起音乐作品的骨架，学生也就更易理解作品，喜欢上作品。

2. 玩图谱，让音乐形象流动起来

小提琴协奏曲《春》是意大利作曲家维瓦尔第的作品，欣赏这首作品对小学三年级学生来说有一定难度。怎么让学生进入音乐，让学生聆听时不觉得枯燥，让音乐结构清晰地呈现在学生面前？教师课前经过反复聆听，设计了以下图谱（见图 5-24）。

春

¶　||||||||~~~~~~~~~~~~~~~~~~　小鸟欢歌

¶　∽∽∽∽∽~~~~~~~　微风轻拂、泉水叮咚

¶　≒≒≒≒≒≒≒≒≒≒≒≒　乌云、雷声、闪电

¶　∝∝∝∝~~~~~　一切回归平静¶¶

∽∽∽∽∽　鸟儿重回婉转歌唱

¶　|||0000000　尾声

图 5-24

教学时，学生听音乐，手指图谱，边听边看，学生头脑中的音乐会更生动。接着选用打击乐器随图谱参与表达。

乐器：　||大鼓　|小鼓　~~~~~~~~手铃　≒沙锤
　　∽碰钟　∝三角铁　0000000 杯子

图 5-25 是学生和教师一同设计的《口哨与小狗》的图谱。

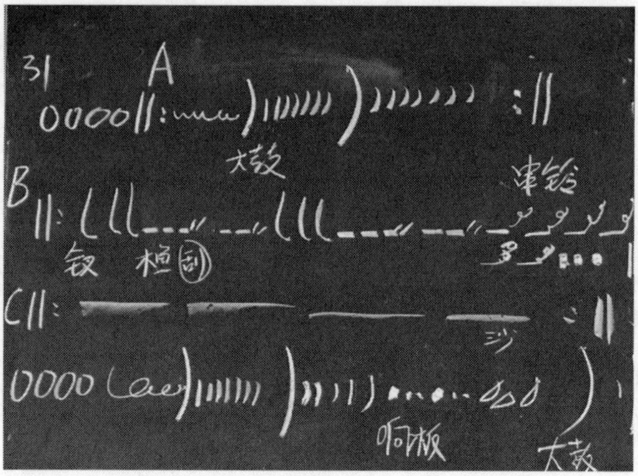

图 5-25

当学生聆听音乐时画出图谱，对音乐作品有整体的初步印象后，就可以用不同的乐器来演奏这些图谱，参与聆听表达了，例：

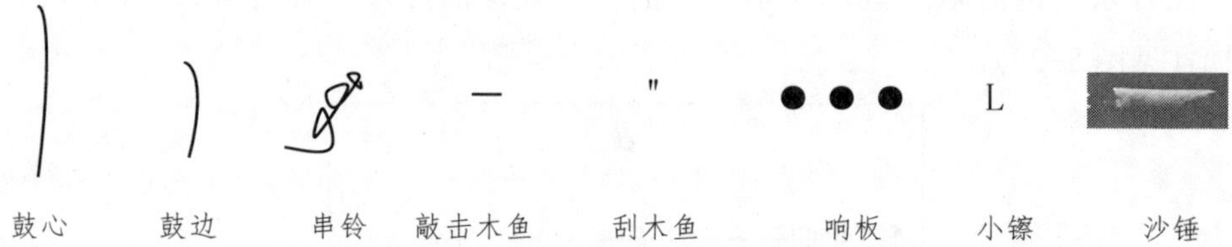

图 5-26

设计图谱，课前所做工作自然要多许多，只有教师自己反复聆听揣摩，创作的东西才更贴近音乐作品，才更有趣味。课前辛苦，上课便轻松不少，也减轻了教师自己的负担。

3. 戏剧表达，让音乐结构从混乱到清晰

在六年级上《波斯市场》一课，虽然教师课前对作品创作背景及相关文化有详细介绍，可学生在聆听时依然昏昏欲睡，东张西望，可以看出学生没有走进音乐，实在是让人沮丧。

《波斯市场》(又名《波斯的集市》)是科特比最为人所称道的作品。乐曲浑然一体，时而快，时而慢，时而合唱唯美，时而弦乐悠扬，表现出一副喧闹却又杂沓的市场景象。全曲八个乐段，乐曲最后加快，且加入合唱，更显喧闹，在轻盈的琴音中收尾……其中表现乞丐部分的旋律可谓耳熟能详，人人都可随口哼出，可为什么学生不喜欢？

课后我在教室思考，问题到底在哪儿？播放着音乐反复聆听，我发现自己对音乐都不熟悉，那似曾熟悉的男低音合唱在这里出现，作者想表达什么？学生能理解吗？怎么才能让他们理解并喜欢呢？描写公主来到市场的大提琴与单簧管合奏学生能听出来吗？怎么才能让学生听出来呢？第四乐段的快板，表现魔法师和玩蛇人的神秘莫测，学生能感受到吗？怎么才能让他们感受到呢？

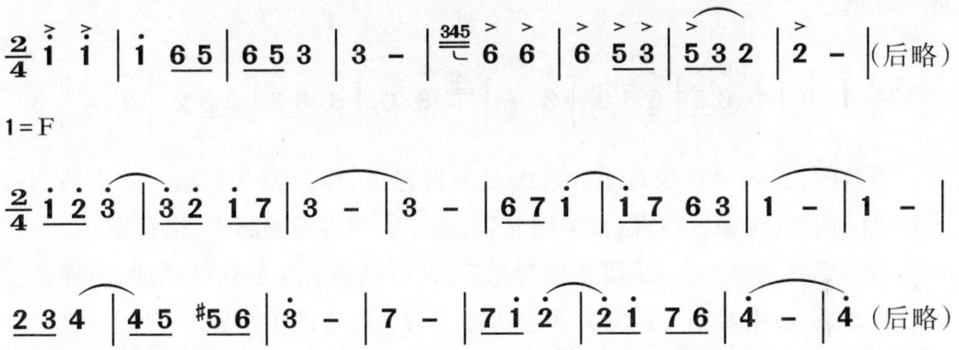

那就试试改变教法，让学生在体验中感知这些音乐元素吧。

第二节课，我不再从整体聆听入手，也不再让学生来画音乐结构图，先“玩”作品的三个主题旋律。

首先从第三乐段开始。

此段主题音乐由单簧管、大提琴主奏，竖琴伴奏，表现美丽的公主来到市场的场景。这个主题音乐一共出现了四次，第一、二次由大提琴、单簧管主奏，第三、四次全乐队演奏，声势宏大，旋律悠扬，但很多学生对这段音乐却是最陌生、最难记忆和最难体验到美的，因此，教师决定带学生用戏剧的方式感知作品的美。

音乐起，教师迅速将自己的长围巾系在头上。披在肩上，随音乐节奏走到学生中间，暗示学生起立跟随教师用动作回应，并说：“我是可爱的公主，愿意做公主的随我一起来吧！”然后学生随音乐缓缓前行。经过反复参与聆听，学生对音乐有了深刻印象。这时，出示乐谱，教师钢琴伴奏，学生视唱旋律，边唱边用身体的律动表达。很快，学生唱好了这段旋律。

这时，教师从钢琴背后拿出了早已备好的大提琴和单簧管，带领学生在此段音乐声中做模仿演奏，并提示其他学生随教师一起用动作模仿，然后教师退位，学生到乐器前来像教师一样演奏，触摸乐器。学生热情很高，很开心。音乐声中，教师提示演奏的学生继续模仿演奏，然后走到学生中去，带其他学生边唱旋律边随节奏用动作模仿情景，音乐在不知不觉间进到学生心中。

随后学习第二个主题旋律。这是一段很有意思的男声合唱，进行曲式，节奏明快有力。这段男声低沉有力的合唱，学生是基本熟悉的，他们一听到音乐就大声喊“波斯猫、波斯猫”，他们记住了S.H.E的《波斯猫》，熟悉这段音乐，却并不知道其借用的这段音乐来自《波斯市场》。他们在生活中常听到这段音乐，因此一学就会。

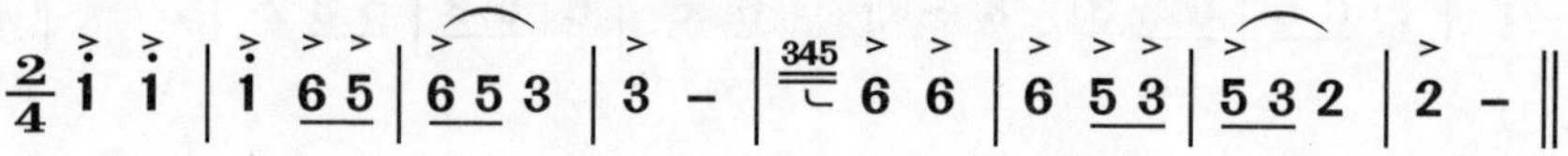

当教师说，如果这段音乐表现的是一群乞丐，你会怎么表达？学生马上有了音色的调整，比如，声音位置突然靠后，动作也变得诡秘起来，很有趣。

当学生熟悉第二、三乐段主题音乐后，便开始做音乐的连续播放，引导学生边聆听音乐，边用戏剧表达的方式表达公主与乞丐这两个主题。

紧接着聆听第四乐段，这段音乐是快板，表现魔法师和玩蛇人的神秘莫测，非常具有波斯风情。描写魔法师的音乐由短笛演奏，为了表现作品的完整性，学生不唱主题曲，重点聆听这段音乐有哪些打击乐器，并听辨主要打击乐器的节奏音型，比如铃鼓、大鼓。下面是学生记录的第四乐段打击乐器节奏谱。

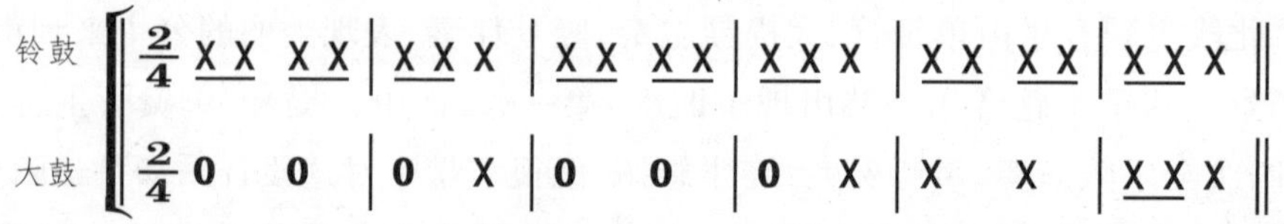

当学生熟悉此段音乐，并用打击乐器参与演奏后，教师启发他们思考：音乐表现的是什么样的情景？有学生说是叫卖东西；有学生说是两人在互逗口舌；有学生说是可爱的小狗被人追赶……当学生揣测各异，教师告诉他们作者想表达的是市场上神奇的魔法师和有趣的玩蛇人时，学生兴趣满满。

当学生熟悉了这三部分音乐并有一定的理解后，教师再介绍创作背景以及相关文化，并出示课题《波斯市场》，再完整聆听音乐，学生就会十分感兴趣。

当学生对作品有了了解并喜欢上之后，在教师的鼓励下他们开始蠢蠢欲动地想要用音乐剧形式来表现作品了，他们很激动地提出要再完整地听一次。借此机会，教师可以提示他们边听边记录，便于音乐结束后的编创，然后分组设计情景表达。

于是，有的小组用文字记录听到的场景；有的小组根据音乐画自己想象的场景图；有的学生用黑板上的彩色磁铁摆作品结构。分组展示时，各小组的展示都很有创意（见图5-27）。

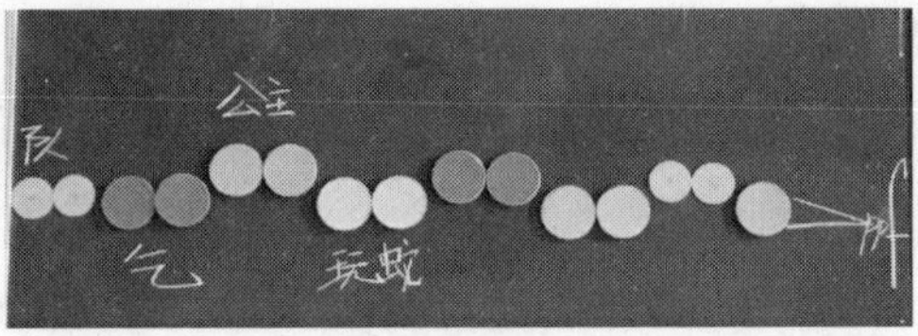

图5-27

下图是另一组学生聆听音乐为表演做的记录。

波斯市场

1. 骆驼商队来啦 X　X ｜ X　X ｜（小鼓）
2. 乞丐们一哄而上"啊，乞讨、乞讨"（合唱）
3. 公主驾到！（喔，市场变得好美）X　－　－　－（碰钟、串铃）
4. 快看，有趣的魔法师与玩蛇人。X　X ｜ X　X ｜（鸟鸣器、风铃）
5. 嘘，酋长来了。0　X（大鼓）
6. 嗨，一群乞丐（乞讨、乞讨）（合唱）
7. 公主起驾回宫！啊，公主，公主真的好美！别走……（碰钟、串铃、沙锤）
8. 骆驼队也走了，市场宁静。（小鼓、风铃）

图5-28

括号中的节奏和乐器，是他们表演要用到的。图5-29是学生课后余兴未尽要求教师拍的一张照片，中间表演公主的是班上不善言谈的男孩，这个男孩很出彩，得到了大家的一致认可。

图5-29

这节课学生表现得很精彩，各乐段的参与形式多样，但并没离开音乐而做无用的表演，他们随音乐想象情景，设计场景，探讨动作，很积极。

??!! 想用这样的标点表达课后的心

情。也许你会问为什么。是的，我也在问我自己，音乐到底是“何须懂”还是“需要懂”？有时，对于那些难度较大的作品，我们不妨先让它们简单起来，别先急着让学生完整聆听。找一个小的突破口，让学生先熟悉其中一些乐段，喜欢上一个乐段，也许，他们会对整首作品有了探索的兴趣。

教学真是有教法而无定法。好的方法，一定成就好的课堂；枯燥单一不切学生实际的学法，会让原本优秀的学生迷茫无助。课前准备充分，指的不仅是对教材研读的深入、器材准备的到位，更重要的是学法与教法是否适应当下的学生，是否能让学生乐学、好学、能学。方法再好，如果学生不喜欢，我们就要及时调整。

4. 闭上眼睛聆听

“理解音乐离不开情感的投入与充满想象力的追寻。”（《音乐分析基础》，谢嘉幸、张烁编著）。是的，音乐是一种特殊的语言，属于耳朵，属于心灵，它无须过多语言的描述。因此，闭上眼睛，少受外界图像的干扰，音乐更容易走进人心，更能触动人的情感世界，让人更富有想象。

图5-30是我在课堂上拍到的学生聆听音乐的瞬间。

图5-30

看着他们陶醉的模样，我情不自禁地写下这样一段话：

微闭双眼，
听一个世界于心。
一个流动的，
我的音乐世界。
那里有花开的耳语，

海鸥与大海的和鸣，
还有从未看到过的——五彩的星辰
……
哦，美丽如花的音律落入我的手心，
不言不语，
如此美丽，清新！

闭上眼，听着音乐，他们在想什么我们无从揣测，但从他们的表情和双手的动作，可以发现音乐已经进入他们的心中。

学生闭上眼，他们所感受到的音的高低和长短、情绪的欢快与悲伤、速度的快和慢，都会情不自禁通过自己的身体传递出来。笔者曾仔细观察过教师觉得上音乐课特别困难的学生，当他们闭上眼睛聆听音乐时，他们对音乐的理解很准确。例如，速度发生变化时，他们的手势与身体也随之发生变化；一个悠扬的长音，让他们的双手舒展地延伸；跳跃的节奏，使他们的身体也随之轻摇……音乐在他们心中完全变成了活的生命，这时候，谁还能说他们不懂音乐？

闭上眼睛聆听，学生更容易入情入景，他们的身体会情不自禁随节奏的快慢、力度的强弱、旋律的高低、音色的变化而发生体态的变化。这些变化，其实就是他们用心捕捉音乐要素的外在表现。由此可见，一个人对音乐的理解并非来自后天教导，而是本身具备的。因此，课堂上不必多讲，让学生闭上眼睛聆听，学生自会有感知和发现。

闭上眼睛聆听，除了感受音乐作品的整体美，还可以组织一些有针对性的听力训练活动。如：听单音唱音高，听乐器音色、听和声、听大自然的音响等。音乐终归是听的艺术，“耳朵是音乐的眼睛”，闭上眼睛，耳朵就“看见”音乐了。

第六章　漫话“讲”

音乐审美的根本方式是听觉的感受与心灵的体验,而不是以获得视觉化的形象与概念性的思想为目的。

——周海宏

第一节　关于“讲”的深思

1.漫话“讲”

作为一名教师,讲,是课堂上师生间沟通永远无法缺失的话题。当今的课堂,我们可能常常在“怎么讲”“讲什么”这两个层面困惑、徘徊较多,在“谁来讲”这个层面揣摩较少。接下来和大家一起漫话“讲”这个话题,但愿我的“讲”,能留给大家一点儿思考。

我曾看过一档电视脱口秀节目,其内容涉及社会关注的热点、焦点,看过的教师一定印象深刻。主持人的演说可谓妙语连珠,保留了说、学、做、唱的滑稽风格,表现形式更是清新智慧,传播着一种快乐的思维方式和幽默的人生态度。其主持风格也是独树一帜:滑稽、幽默、犀利。在这滑稽、幽默的嬉笑中,世界的真、善、美、丑呈现在大家面前,让大家在嬉笑中感叹、醒悟、反思。

许多专家教授的课也曾让我着迷,他们会把原本枯燥的古典文学演绎得精彩绝伦,把原本生涩的理论解读得生动形象,出口的每一句话都可能成为经典,每一次随口所谈都会成为一篇好文,他们的演讲与对文本的解读都堪称完美,没有一句废话,没有一个重复的观点。

中央电视台有一档节目叫《开讲了》,这里云集了许多知名的学者、文人、演员、导演、企业家……他们不是真正意义上的演讲者,但他们每一位的演讲都那么吸引人:朴实、真实、感人。每次,只要打开这档节目,我都情不自禁要听完每一位演讲者的演讲。

他们曾经感动过我、激励过我、启发过我,因为我是一名教师,我也渴望像他们那样,走上讲台,妙语连珠、幽默风趣、精彩绝伦地讲。

工作近三十年了,可是我依然不会讲,因为我发现,哪怕准备十分充分,多么努力地去讲,到最后,常常看到的还是会有这样一些画面:发呆、说话、沉默、打哈欠……

曾经看过一本书,作者是一位一线的语文教师。书中讲到这样一个有趣的故事:有一个叫阿戊的学生,在标点符号的使用上可谓顽固不化。一年级下期时语文教师开始教学生用标点符号,可不知什么原因,这个学生就是不用。为了让这个学生用上标点符号,教师前后用了多种教法,不同的比喻,连教师自己都感叹自己是多么会讲、多么会教,可是不管怎样,这个学生就是不用标点符号。到三年级时换了个语文教师,这个教师为了让阿戊用上标点符号也是费尽心思,可这个学生照样不用。两位教师曾一同感叹:到底是我们心中打结了还是学生心中打结了?五年级的时候,曾教他一年级的教师碰到了阿戊,他们开始闲谈,谈话中教师知道这个学生开始用标点符号了,特别开心,但听他一解释,可谓大跌眼镜,他说:“我现在要用标点符号了,这样写作文的时候,本来看起来写得不多的文章,用了标点符号,看起来就多了……”这样的学生形象绝不是文学艺术的表现手法塑造出来的,类似的学生在我们的课堂中还真的有呢。

有时,我们激情澎湃的演讲,我们魅力四射的语言描述,我们意味深长的教育哲理,并不一定能走进学生心里,学生有自己的价值判断,教师不能全凭经验去揣测,否则学生会觉得教师很无聊,并由此关上与教师沟通交流的大门。

说到这里,想到另一则故事:《马克·吐温捐款》。据说马克·吐温有一天到教堂去捐款。捐款前牧师一般会做一番演讲,刚开始,马克·吐温听得是热血沸腾,准备把身上所有的钱都捐出来。十分钟过去了,牧师还没讲完,马克·吐温有些不开心了,准备只捐身上一半的钱了。十五分钟过去了,牧师还没讲完,马克·吐温准备一分钱也不捐了。最后,到牧师结束演讲时,出于气愤,马克·吐温不但一分钱没捐,还从捐款箱里偷偷拿走了五美分。故事是否属实,未经考证,但这就是人们常说的限时效应,人的倾听是有一定时间限制的,冗长地讲,必定失去魅力。

看来,作为教师,无论你多么会讲,都不一定能讲到学生心里,更不一定能激起学生求知的欲望、培养学生创新的思维。

曾经看到这样一幅画:一头笨拙的牛慢吞吞地被人牵着往前走,牛的头上绑着塑料花,身上缠绕着五颜六色的绳索,后面一个身强力壮的青年手拿鞭子,似乎随时准备一鞭子下去……

不知什么原因，看到这幅画我想到了教师和学生，觉得那牛就是课堂上的学生，赶牛的人是教师。牛身上无趣的装饰是教师的一心所为，牛很听话，也很可怜，它们行走，它们毫无思想地被鞭策着前行.....

于是，我想到一个词：学问。我不知道教师们是不是有这样的体会，课前备课时，我们常思考的是如何把学生要学的知识讲清楚、讲明白，讲得让学生喜欢，而少想如何把这些知识变成学生自己的知识，让学生自己去问、自己去思考、自己去弄明白。不会问岂能叫学问？学问、学问，就是要学习去问，就是培养学生学习如何问，不是教师问学生，而是学生问教师、问教材、问自己。有学问的人一定是会问的人、善问的人。

想到另一个词：求学。学习应当是学生的一种主动行为，不是教师逼着学生学，求着学生学，而应当是学生自己求学。有求的欲望，学才有效。本末倒置，学生没有积极主动性也不行。

德国教育家斯普朗格说："教育的最终目的不是传授已有的东西，而是要把人内在的创造力量诱导出来，将生命感、价值感唤醒。"

马克思说："教育绝非单纯的文化传道，教育之为教育，正在于它是一种人格心灵的唤醒，这是教育的核心所在。"

孟子说："人之患，在好为师。"

杜威有一句话叫："教师是通往天国的'引路人'。"

于是，我又想到中央电视台的另一档节目。看过节目的人可能都会有一种感受：这档节目原主持人是个很不会讲话的人，他常把话丢给演员、丢给观众、丢给评委、丢给嘉宾，自己就那么简单的几句调侃，可这一档节目却活了、火了！为什么？有人曾这样回答说：因为有高水平的演员，有很精彩的幕后策划，有会讲话的评委与嘉宾。我想问：是因为主持人会讲的原因吗？不是吧！这里的演员、观众、评委、嘉宾可否和学生对应？精彩的策划是否可看作我们课前的预设？主持人可否对应教师？

看看主持人所站的位置：舞台最边缘，如果看过此档节目的教师可能都记得，作为主持人，他很少走到舞台正中，如果走到舞台中间，那一定是和演员一同参与互动表演。

是的，舞台是演员的，正如课堂应该是学生的。

细细考量古代的教育家，他们已为我们做出了榜样，如孔子的启发式、柏拉图的对话式、昆体良的雄辩式、刘徽的问题式、朱熹的研讨式都应当得到继承和发扬,教育改革不是摒弃所有另起炉灶,而是在继承中发扬创新。

当今的课程多种多样,当今的教材千变万化,当今的教法更是层出不穷,如任景业教师的分享式教学、郭思乐教授的生本教育、窦桂梅教师的主题式教学、李吉林教师的情景教育、谢嘉幸教授的欣赏导图……所有的教育改革仁者见仁、智者见智,虽各有争议,但我们不得不承认,他们已为我们开启了一条路径。涌入国内的慕课(MOOC)、微课、翻转课堂、奥尔夫教学法、柯达伊教学法、达尔克罗兹教学法等也为我们打开了视窗。

在梳理这个话题时,我开始有些明白:

能讲,充满魅力的语言与丰富的表达能力是教师的基本专业技能,作为教师不可缺失;会讲,深厚的文化底蕴,旁征博引,是教师历练的才智,有了它,教学必定锦上添花;少讲甚至不讲,把话语权留给学生,激励学生主动“求学”,主动“学问”是做教师的智慧,有了它,课堂一定更具生命力与创新的活力。

很多教师的课堂其实已经迈开了这个步子,课堂上教师开始让位,学生开始主动求学、主动学问、主动分享,这是符合学生的生理与心理发展规律的。我们应当勇敢走下去,一定不要刚刚伸出一只脚,发现有困难马上又缩回去。只要是对的,符合学生认知规律的,就要大胆走,在走的过程中去修订和完善,这才是前行的必经之过程。

前进的道路不会一帆风顺,2005年在校内发起的课改话题“寻找失落的主导”,现在回想,仍有探索的价值,主导不等于主讲。别认为教师不讲,主导就丢失了。教师中肯的主导一定远胜于激情澎湃的主讲,主导的失落是因为我们没有找到自己的位置,没有摆正自己的位置。

依然欣赏这句话:“教育不是灌输,需要的是我们优雅和诗意的涵养。”

注:是2014年学校“美丽智慧大讲堂”的一次演讲实录。

2.“导”之随想

教学中,我们经常提到要充分发挥教师的主导作用与学生的主体作用。那么,怎样才能让“主导”和“主体”和谐发展呢?这是教师们经常思考的一个问题。教师的“导”是一节课的关键,而学生主体作用的发挥才是课堂的精华。如果调整不好两者的关系,就会出现满堂灌的现象或学生茫然不知如何学的问题。正如一位教师说的:"我在课堂上很想发挥出教师的主导与学生的主体作用,但课后想起来,有时感觉还是教师讲得太多,而学生活动的机会太少;有时又觉得学生动起来了,教师又不知该干什么了。"

想到教师的导,我的头脑里便出现这样一幅画面:旅游团的导游小姐或先生手拿小彩旗,走在队伍的前面,滔滔地讲述着吸引游客的传说小故事,也许这些小故事不过是他们信口开河、自编自创而已,但游客们却听得津津有味。一个平平常常不起眼的小地方,经导游们的演说立刻变得神秘而有吸引力了。我就想:导游手里的小旗代表什么?为什么他能走在队伍的前面?他们为什么要编小故事吸引游客呢?教师的主导与导游的导是否有关系呢?经过思考,答案是肯定的。导游手里的小旗是一种目标,一个方向。走在前面,那是因为他们熟悉此路线,知道哪里有更精彩的、更美的地方。自编小故事是要吸引游客,同时也是让游客更全面地了解此地的名胜古迹、山川河流。因而我想到:教师的导首先必须方向明确,必须知道你准备把学生导向哪里。你准备让学生掌握些什么?感悟些什么?这就正如导游手里的小旗。如果目的不明确,就会导入误区。那么,在明确目标后,作为教师还应全面熟悉教材,广泛收集资料,吸收新的知识信息,熟练驾驭教材,作导的准备。只有这样,才能走在学生的前面,让学生喜欢。而在此基础上,一个更重要的问题就是导的过程了。

1999年,我去浙江参加全国"第二届中小学音乐教师技能比赛"。比赛结束后我去了杭州有名的灵隐寺,那里古树参天、风光秀丽,可一走进大门却不知道该从何游览了。是到处逛逛随便看一下就走吗?想到从四川来一趟也不容易,我便请了当地的一个业余向导带路。那是一位嘴很甜的小伙子,他走在前面不停地问我:"你知道灵隐寺的来历吗?""你看,这菩萨的手为什么一只朝上一只朝下呢?""这是一座'飞来峰',你知道它为什么叫'飞来峰'吗?"……他提出了许多为什么,等我答得啼笑皆非渴望他能给一个满意答案时,他却神秘地说:"先自己去看吧,看后你就知道了。"当悬念通过自己观察和发现最后揭开时,这许多的为什么已牢牢印在我心里。于是我想,作为教师要做好"导",是否可像这位小伙子一样多给学生创设些"障碍",多问几个有价值的为什么,让他们自己去寻找、自己去发现、自己去感知?精心设计问题作为"导"的火线,让其贯穿课堂教学始终,相信课堂中教师的主导与学生的主体会不再失衡。

3. 再话音乐教师课堂语言

教师们也许有这样的感觉：课堂教学优秀、受学生欢迎的教师，其课堂教学语言一定也是自然的、随和的，上课似和好朋友交谈、游戏。他们没有大段的豪言壮语，更不可能像吵架似的高分贝嚷嚷着强调某某部分的重要性，极少甚至没有一句废话，其身体语言也配合得天衣无缝、刚柔相济，一个眼神、一个点头、一个拥抱都似有磁性，吸引着学生们随之去思考、去探究、去悲、去喜、去激动……如果我们每位教师都能在教学语言上多下功夫，相信课堂教学一定更受学生的欢迎。

综观现在的课堂教学，教师们在教学观念、方法上都有了一定的改变，课堂教学也越来越体现以学生为主体的教学原则，但在教学语言上有的教师下的功夫却不够。有些课单从备课与教案设计来看的确不错，甚至非常优秀，但实际课堂教学却总是让人感觉欠缺些什么。到底是什么呢？其实好多问题都出在教师的语言上，如表达不准确、重复的话太多、缺少应有的身体语言或身体语言太过、语言的抑扬顿挫不够、地方口音重等。作为教师，在研究教学的同时，一定别忘了对教学语言的研究。因为它是推动教学发展的动力，教学内容好比美丽的珍珠，语言就是把珍珠串起的丝线。

音乐教师的课堂语言要准确、简练。准确：普通话标准、表述不模棱两可、音乐术语表述正确等。简练：在表述清楚的基础上用简洁明了的语言总结、提示、激趣、引导，切忌啰唆、重复性表达。比如，学生正欣赏一段优美的音乐，教师在一旁开始了自己的解说：“真好听，蓝蓝的天上飘着洁白的云朵，洁白的云朵像盛开的花瓣变幻无穷，真是太美了……”听起来似在用语言带学生进入情景，其实教师的语言已阻碍了学生的思维，为何不让学生自己去独立感受？

在课堂上也有这样的教师：“我再请一位同学来说说，谁来？”教师四周瞧瞧，见90%的学生都举起了小手，继续说道：“谁来呢？我要请一位最乖的孩子，呃——×××……”

谁是最乖的？何种情况为乖？敢于举起小手，勇敢回答问题，难道这样的学生不“乖”？学生是独立的个体，人人都有自己的思想、自己的见解。教师是学生的合作者、参与者、引导者，因此，作为导者，语言要精；作为参与者，语言要少；作为合作者，更应顺应学生，把话说在关键环节，起到画龙点睛的作用。

课堂忌唠叨，千万别在课堂上唠叨。学生不喜欢唠叨的父母，同样讨厌唠叨的教师。简练才是真正的丰富,只有最简单的东西,才具有最大的想象空间。把握好说与不说、讲与不讲的度。

杜绝啰唆自不必说,但作为音乐教师,课堂语言的节奏美也是十分重要的。

有人说,音乐的骨架是节奏,这句话一点儿不假。离开节奏的音乐会是怎样的音乐呢?音乐能离开节奏吗?这个问题可以去探究。但只有有了良好的乐感,才会对音乐有更深层的理解,才可能更好地表现音乐、创造音乐。说得更通俗一点儿:听懂音乐。因此,音乐教师要把美的语言节奏时时体现在课堂上,让学生在潜移默化中受到熏陶。如让学生开始唱歌最常用的一句话:“预备,起”就有多种说法。

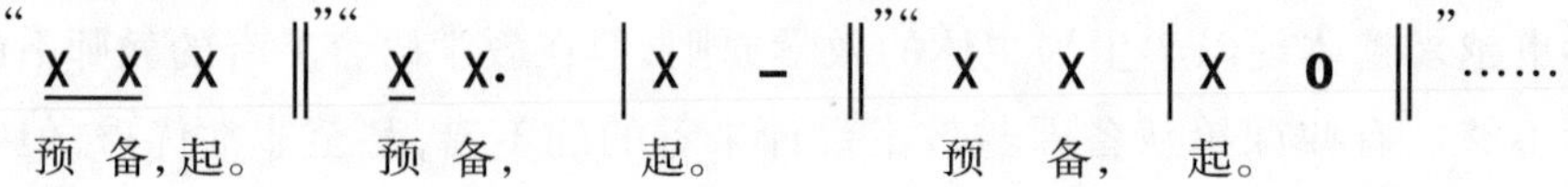

再如“让我们一起唱起来”一句,就可以根据教学实际情况说成二拍子或三拍子,如:

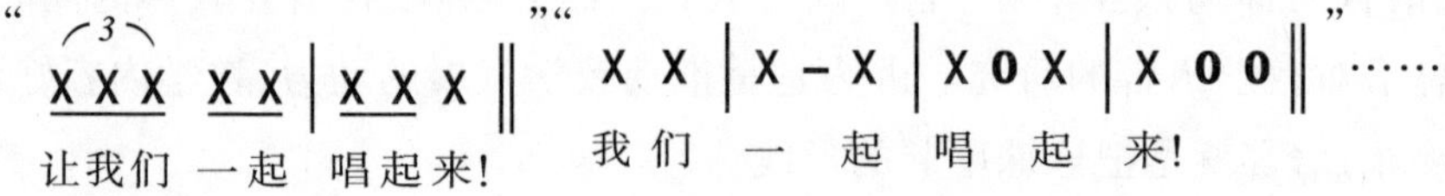

语言的节奏美还体现在教师的语速、语调、语气的变化上。因此,教师要注意让课堂语言随教学内容的变化而改变,及时调整语言的速度、高低、强弱以适应内容变化的需要,让课堂教学语言富有韵律美。

音乐教师的课堂语言要做到声音语言和态势语言的和谐运用,让教师的整体形象与声音构成一幅美丽清新的画卷。如说“请”,教师要面带微笑,再用手做一个请的动作。教师对学生说“让我们一起来”除要富有节奏的表述外,还可以加上简单的与节奏相配合的动作,如双腿按节奏以稳定的速度边走边说。特别是当学生学唱乐谱时,教师可用手势、身体配合语言边说边做,让学生通过态势语言感悟音乐的速度、节奏、风格。切忌做与教学内容不相吻合、哗众取宠有碍学生思维的动作。

音乐教师的课堂语言要亲切并且自然,通过教师富有激情、亲切自然的声音把学生带入音乐情景之中,并用巧妙准确、富有感染力的声音激发学生的想象力,使学生为之动情,感受其美。

如何完善自己的教学语言呢?

首先,我们要加强自身文化修养,丰富口语表达能力。记得有这样一句对教师职业的概述:“教师是艺术家、科学家、理论家、哲学家、雕塑家的混合体。”可见,作为一名教师必须全面提高自身文化修养才可适应不断发展的社会需要。过去说教师要给学生一碗水,自己得有一桶水,其实今天已远不仅如此,今天的教师所应拥有的是智慧、是好学的精神、是善于掌握和运用先进技术并具创新精神的灵性。只有头脑里储备了用之不竭的知识源泉,才可灵活自如地滋润禾苗。有些教师讲课背教案,不敢灵活处理教学内容与知识环节,当学生提出与备课内容不符的问题时,要么支支吾吾不予正面回答,要么大声呵斥给予否定。教师知识贫乏不可能有好的口才,好的口才来自思考、来自学习、来自深厚的文化修养。

其次,教师要把学生当作自己的朋友,上课是在和朋友交谈。试想,一个口才再不好的人,当和朋友聊起天来也会口若悬河、轻松自如。为什么?因为没有要强加于人的思想,没有高高在上、唯我独尊的骄傲。

再次,我们要学会使用轻声慢语、娓娓道来的讲述与提示。有的教师上课常常是音量特大,隔着几间教室都能听见,这些教师都有一颗很负责的心,他们担心学生听不到啊!而这样的结果是什么呢?听者耳、心或受损,说者嗓、神或受害,最后结局是两败俱伤:学生讨厌听课,教师害怕上课。

其实,这个道理不难理解,你喜欢生活在高分贝的噪声环境里呢,还是喜欢生活在环境幽静的地方?答案是不言而喻的。那么,我们何不为孩子营造一个轻松愉悦的语言环境呢!

音乐速度有快慢之分,音乐力度有强弱之别,音乐的情绪有优美抒情与愤怒和悲伤。因为有了这些,音乐才富有魅力。我们的课堂语言也是如此,因此,研究好它、运用好它,会给我们的课堂教学增色不少。

4.课堂之“问”

讲,其实来源于问题,教师为什么要讲,要么是教师觉得学生对某个环节会有问题,因此需要语言告知;要么是学生真有问题,需要教师的解答。

有生命力的课堂一定是课堂上学生有“疑”有“问”的课堂,但有的教师会说,我们的音乐课哪有什么问题,学生听音乐感到快乐,演唱歌曲做到音准、流畅,参与表演者能够自信、开心就行,有什么问题需要质疑?

音乐课真无"疑",真无"问"?

我们来假设一节没有疑问的唱歌课片段:

师:今天我们来学习歌曲《红蜻蜓》,请大家翻开书,听教师演唱旋律。

学生听。

师:好,我们一起来唱唱旋律吧。

学生唱。

师:这个乐句你们刚才唱错了,应该是这样唱的(教师范唱……)

学生听。

师:我们再来一次,注意刚才教师示范的地方哟,不要再唱错了啊。

学生唱。

师:有进步了,但还不对,这个地方应该是这样的(教师范唱……)

学生听。

师:再来唱一次。

……

试想,这时的学习会是怎样的情景?我想多数学生还是会用心听和唱的,但头脑一定是麻木的。再过几分钟呢,会不会再听和唱?那些好动的学生呢?一定去做自己喜欢的事了:说话、打闹、打哈欠、眼睛看教室外、发呆……

同样的内容,如果我们通过问题意识激励学生自己去发现问题、提出问题、解决问题,情况又是怎样的呢?

师:请大家唱唱这段旋律(指谱),可以两人一组合作,也可以分小组合作。当然,也可以一个人自己唱。你们想怎么学由各组自己决定,如果遇到问题,请提出来,需要教师和同学帮助请示意。

这时候,有些学生会提出希望教师弹奏一次旋律,他们听听音高;有些学生开始找有音高的乐器(比如音条琴帮助)。不管怎样,随着学习的深入,他们会发现不易唱好的节奏或音高,会发现不易唱连贯的乐句、乐段,这时候他们会找同学帮忙、找教师帮忙、找乐器帮忙(当然,这些办法可以提示学生,形成习惯了他们就知道如何解决问题了)。有了问题,自己去解决问题,是不是学得更加主动呢？肯定是的。自己发现问题，自己想办法解决问题，学习的质量一定更高。

在教师的鼓励和学生的自我实践过程中，你会发现学生的问题有了、思考有了、兴趣也有了。更多时候，学生的兴趣来自体验，来自问题激发的研究欲望。

课堂师生之“问”，简单总结一下，存在这样一些问题。

(1)学生之问。

一是“不问”。课堂上难得看到学生提出问题，基本是教师提出问题，学生来回答。

二是“假问”。为了让课堂有活力，教师会不断鼓励学生提出问题，为了实现教师的愿望，学生会提出一些毫无意义的问题，或者哗众取宠的问题。看似有问，但却是“假问”，问得毫无意义。比如：“为什么这首歌曲叫《春雨蒙蒙地下》？”“为什么这首作品是两段体呢？”

三是“浅问”。就是提出的问题过于简单，并没有经过思考，随意发问。比如“我说的对吗？”“这段音乐是欢快的吗？”“这首傣族音乐好听吗？”等等。

(2)教师之问。

一是“多问”。课堂上问题不断，每一个环节似乎都要问一下，比如“你们同意吗？”“他说的对吗？”“这样分段正确吗？”“可以这样唱吗？”“懂了吗？”一堂课都是教师在问，学生在答。看似有问，实则无益？

二是“浅问”。如“你觉得他唱得好听吗？”“请问他说的对吗”“乐曲是分三段吗？”看似问题很多，实际一点儿价值没有，肤浅地提问不如不问，问的目的在于深化，在于对教学的深入理解与问题的细致解疑。

要解决音乐课堂上师生无意义之问，首先要做到两点。

一是“真问”。教师要提真问题，学生也要会提真问题。问题不是随口说的，是内心思考后的真疑惑，是助推大家思考的点。真问题才有价值。对于学生而言，不可因为教师说要敢于提问题而提伪问题，应付教师的要求。对于教师而言，不可因为有人听课，或其他原因提一些影响学生正常思维和学习的障碍性问题。“真问”其实很简单，就是根据课堂实际组织合适的语言说出内心的真疑惑、真想法。

二是“会问”。要做到会问，不管是学生还是教师就得对课程与教学有深入的思考，对学习过程有积极的参与、真实的体验并产生内心的触动，于此甄别出自己所提问题是否是自己内心的真想法。特别是教师，还得思考这些问题的作用与价值所在,是解决具体的问题还是以此触动学生更深入的思考。问要精,话要少,最好能因教师的"问"触及学生的思维,让学生产生更多的质疑。

问题是推进教育教学进入更深层次发展不可或缺的妙计。因此,音乐课堂应该和其他学科课堂一样,要鼓励学生发现问题、提出问题,教师更应智慧提问。

第二节　关于"不讲"的思索与实践

其实作为教师,讲,是一件比较容易的事,人人走上讲台都可以说上一二,如果稍做准备,还可以讲得不差,因为"好分享""好为人师"是人的天性。但课堂上最高境界地讲,有时是教师智慧地让位,是"不讲"而"讲"的艺术。

1.寻找失落的主导

不讲,的确是门艺术,教师的隐身不是真的退位,而是"点燃"后的智慧"旁观",有一段时间,课堂的主导还是因不讲而丢失了。

例:欣赏钢琴独奏《致春天》　[挪]格里格曲

这是一首带再现的单三段体结构作品。乐曲是世界著名作曲家格里格的作品,格里格是挪威人,挪威冬季漫长而黑暗,春天总是姗姗来迟,因此,那里的人们十分盼望春天的到来。此作品的诞生,便来自作曲家对生活的感悟,音乐流淌出对春的渴望与春天到来的喜悦之情。

乐曲第一段旋律柔美质朴、平静而且深情,富有北欧风格。第二段在低音声部奏响,加上低八度的配合,恍如听到春天到来的轻快脚步,特别是不断向上推进的旋律,让聆听者内心情绪也随之高涨,似乎美丽温暖的春天就在眼前。第三段音乐是第一段音乐的再现,但在高音区用八度的方式呈现,加上漂亮的分解和弦伴奏,音乐显得更加轻巧而华丽,让人想到叮咚的流水、歌唱的小鸟、盛开的鲜花……

镜头1

希望学生聆听音乐的变化,想让他们知道音乐是由乐段组成的。于是,有了这样的对话:

师:请同学们闭上眼睛再次认真聆听,你们能听出音乐有几段吗?

生1:有两段。

生2:是三段。

生3:就是一段。

生4:我也认为是两段。

生5:我认为是三段。

生6:我认为是一段。

……

学生开始发表各自的看法,争论起来,课堂显得非常活跃和热闹。

师:(笑眯眯的)有自己独立的见解,很好,请各组展开讨论,看看到底这首乐曲可以分为几段?(无音乐)

多好的教学契机,本想说:“啊?为什么同一首乐曲,你们的感受却不一样,不如再听听?”但话到嘴边咽下了。因为我认为,学生有自己的想法,敢于说出与别人不同的答案,并能就此争论起来,充分说明学生很投入,教师没必要再多说,就让他们自己去说、去辩解吧。

于是学生开始你言我语、争论不休,有的学生说是因为音高变化分的;有的学生说是因为力度发生改变分的;有的学生说是因为旋律不同而分的;有的学生说没有听出啥变化,所以认为只有一段。

这是多有意思的解读!

学生的讨论话题再次为教学的深入发展掀起波澜,教师本想说:“好吧,我们再听听,看看是否和你们刚才的理解一样?”但这时依然没有那样做,因为在自己的内心这样想着:《课标》提出要充分体现学生的主体作用,充分发展每个人的个性,“一百个观众心中有一百个哈姆雷特形象”……因此,别给他们标准答案,看他们的情绪多高涨,那就让他们自己去领悟吧,错有错的理由,别把学生牵到一条道上来。

于是教学继续进行。

师:(用手势招呼安静下来)很好!同学们讨论得很认真,1组你们认为应分为几段?第2组呢?

……

师:同学们有自己富有个性的理解,好!让我们一起带着自己的理解再次欣赏一遍。

课结束了,从学生茫然的眼神和含糊的回答中知道学生的认知同课前一样,知道的知道,糊涂的仍糊涂。

课后暗想:糟了,一个"以学生为主体"的理念把教师也弄傻了,以学生为主体并非放任自流,更不是正确与错误的基本原则判断都没有,教师不做合理的引导,课堂还有质量吗?

看来,放手,更加考验教师的智慧啊!

镜头2:

师:请认真聆听,在你认为新的段落出现的地方举手示意。

(师生一起欣赏,静静地,不时有小手举起来。)

各组开始讨论。

1组:我们组有不同意见,有的认为是两段,有的认为是三段,还有一个同学认为是一段,我们想再听听。

接下来,各组有序站起来,开始发表各自的看法,继而争论起来。

师:(笑眯眯的)嗯,我看各有己见,不如再听听?

生:(鼓掌)好!

第二次聆听,音乐结束,第二组一个平时课堂发言比较积极的学生踊跃站起来说自己的理解,接着其他组学生也各抒己见,唯有第四组没有人发言。

师:第4组,我想听听你们的意见?

4组组长:我们意见比较统一,认为这首乐曲有三个不同的段落,第一段音乐与第二段音乐旋律有不同,因此听起来情绪也不一样,第三段和第一段有相似的地方,是再现,所以……

其他组部分学生鼓掌,以示同意。教师用眼神鼓励学生可以有不同的看法。

3组(生1):我有不同意见,因为我没听出旋律有什么变化,但我觉得听起来感觉上还是有不同,中间部分似乎有种很激动的情绪,结束的时候很轻快,如果分段,我觉得是两段。

师:(微笑)有时音乐传递给我们的,的确就是一种感觉

1组(生1):音乐总的来说比较平稳,我觉得就是一段,真的听不出变化。

教师继续用眼神示意大家发表意见,学生开始再次分享。

师:听了你们的讨论,我觉得到底几段已不重要,你们用心在聆听就是最好的学习。不如这样,大家用身体动作来表达你听到的音乐,如果音乐情绪变化,希望你的身体动作也随之变化,这样来感受一下,说不定就找到答案了。

继续聆听,学生的动作有夸张的,也有双手静静舒展的,原来没用心听的,因为身体的参与,他们内心开始动起来,开始感受到音乐的改变。音乐结束了,他们开始改变原有的认识,表达自己新的理解,认为乐曲分为三段的由原来的三个组变成七个组(全班共八个组)。

其实,音乐可以分几段真的不重要,但把握作品细腻的情绪变化对于聆听者来说很重要,通过分段游戏,学生可以对作品的结构有个基本的概念,学生的聆听也会更为专注,多次聆听也不再那么枯燥。对音乐的懂,真的不是听一次就够,唯有多听,把主题旋律、变奏都听进自己的心里,甚至一提到这首作品便能随口哼唱出,才能真正感受到它的韵味和美。3班的课,算是让我找回了教师的角色,虽然教师的角色位置还不够准确。

新课程理念强调音乐教学要以人的发展为本。要求教师从课堂主讲变成教学的促进者、设计者和引导者,要求教师给学生更多的自由时空,以更好地培养学生的创新精神和实践能力,但这些并不意味教师作用的减小,相反,对教师提出了更高的要求。

教师是主导,学生是主体,说起来容易,实践起来却很不容易把握好这个度,有时,教师因为对一些理念理解的偏颇,常常走许多弯路。

教师的认识一般先于学生，高于学生。学生自学或讨论是有收获，但是要让学生深入学习，有更多地收获和体验，就需要教师有慧眼慧心。智慧地不讲，不是主导的失落，而是更有意义的引领。

2.探寻诗意课堂

春是什么？春是灵动的生命。

春是什么？春是孩子甜甜的歌声。

春是什么？春是音乐声中我们心的颤动。

春是什么？春是弥漫在校园空气中那缕融着淡淡芬芳的艺术气息！

2008年的春天，看着桃花盛开在校园，聆听着学生们甜美的歌声，写了上面这段话。

苏霍姆林斯基说："没有一条富有诗意情感和审美的清泉，就不可能有学生全面的智力发展。"

音乐是灵魂深处的特殊语言，那行云流水般的天籁之音，那历史沉淀的经典之作，那流行的时尚元素无一不诉说着心灵深处最美的话。这样的话，唯有诗意可表达。因此，音乐教师应该是有诗意情怀的人，音乐课更要有富有诗意的美。

上欣赏课时，曾做过这样的尝试：不对音乐作品进行深入的分析，也不讲主题音乐与乐段乐句，让学生自由聆听音乐，当情感涌动时走上讲台写出内心的感慨，一两句话都行。我发现，原来学生对音乐的感受真是太美妙了。

这是2014级3班学生欣赏钢琴独奏曲《花之歌》([德]古斯塔夫·兰格)时写下的诗意(见图6-1)：

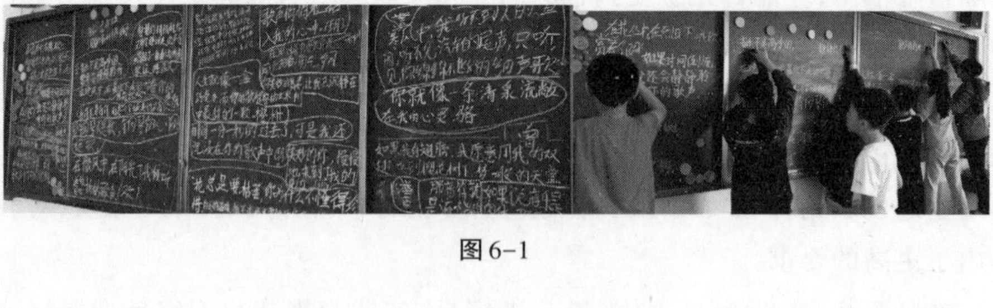

图6-1

静静地,悄悄地,
你又用那甜美的声音唱起了动听的歌谣。
在我心里,音符已不是音符,
而是内心甜美的歌唱。

——陈蕴贤

钢琴奏响的是我的心跳,
你的歌声就像一道彩虹从我心中划过。
寒风中,我听不到人(声)的喧嚣,
听不见汽车的鸣叫,
只听见你绵绵不断的细声歌唱。
如果说音乐是肉体,
那歌声就是心跳;
如果说乐谱是血液,
那音符就是流淌的珍华。

——陈誉航

剪一段时光缓缓流淌,
摘下花的世界,梦的时光。
是谁洗净了烦恼,昨日的忧伤,
电光火石间,只有跳动的音符。
闪烁着光芒!

—— 龙美西

美妙的你慢慢地来到我的身边,
时间一分一秒地过去,
可是我还沉浸在你的歌声中,
歌声已悄悄钻入我的心。

——张紫玥

啊,多么动听的歌声,
多么美妙的舞姿,
我已沉浸在你的世界。

——王烁焜

音乐不是高冷的,
需要你慢慢聆听,
如果时间倒流,
我还想听到你花开的声音。

——张梓曼

音乐像糖果,
尝过的每一口,都是甜甜的!

——罗梦琦

……

“音乐像糖果,尝过的每一口,都是甜甜的!”好喜欢这段诗意的话。他们在音乐声中陶醉,在音乐声中用文字书写,特别是随着音乐旋律的流动,同学们轻声诵读起自己写的诗,美的意境再次把内心触动的情感推向高潮,此时,你真的能感受到他们品尝音乐时的甜蜜。

聆听音乐,如果脱离对作品诗意的感受,那是很痛苦的,过于理智的赏析,会破坏音乐整体的美。就像欣赏一朵喜欢的花,若把它一瓣瓣地掰开来看,或者用放大镜观其局部,所有的美也就消失了。

音乐美就美在不可分割,它的起伏变化、强弱对比、主题音乐以及由此而拓展的变奏组成了一首乐曲的全部精神世界。就好比一个人,肢体是不能分割的。你可以引领学生从整体上感受,用语言描述使他第一个心动的地方,但不可以肢解,再美的东西一块块地被肢解后,那一定是很恐怖的。

有的教师说:“不讲,学生听不懂音乐,课堂纪律会很糟,学生也说不出音乐美在哪。讲吧,学生也听不懂,同样不喜欢。哎,真不知道如何带领学生走进音乐。”

其实,人人对音乐都有天然的亲近,他们其实都是懂音乐的,对音乐的理解藏在每个人的内心深处。听到欢快的乐曲时，他们会情不自禁地晃动身体，听到激烈的节奏时，他们也会用身体动作表达，听到宁静舒缓的旋律时，他们的肌肉也放松下来，只要用心，就会发现每个人都能听懂音乐。

诗意的课堂需要教师拥有激情，这里的激情指的是对音乐教育的热爱；是对学生的理解、宽容和信任；是对音乐充满崇敬的感动；是对生活的热爱；是能随口吟出小诗的灵气。音乐教师不能只做个传送音乐的播音器，更不是报幕员，应是集文学、科学、哲学、美学、智慧、爱心于一身的人，只有这样，我们才拥有驾驭课堂的能力；才拥有走进课堂的“福气”——幸福之气；才能带给学生诗意的境界，文化的浸润。

诗意的课堂，需要教师诗意的语言引导。

“春，是孩子天真的笑脸，叮咚的清泉，正溶解冬日冰凉的衣衫……”这是教学《小溪流水响叮咚》这首歌曲的导语。

“妈妈是天，送我们阳光雨露；妈妈是地，佑我们吉祥平安。难忘儿时母亲的摇篮。”这是指导学生唱舒伯特《摇篮曲》的结束语。

原北京八中李存教师的课就留给我十分深刻的印象，他上欣赏课《黄河》，一整节课，只有简单几句话，“你听，这是黄河在怒吼，大地在呜咽.....”“听，千千万万人民在呐喊，保卫黄河，保卫华北，保卫全中国！”熟悉的语言吧？但用得巧，只在该出现的地方出现，不多不少，不早不迟，音乐没有间断，情感却在升华。简单几句话的点缀，学生的情感却被调动起来，眼里早已热泪盈眶。这时的音乐已不再是音符，已在教师诗意的语言引领下幻化成心灵中最动人的情感，形成头脑中生动的画面。

有时，诗意并非指语言，它还是一种意境、一种感觉、一种不必言说的恰到好处地表达与意会。

记得上海市音乐特级教师刘德昌教师曾到成都上过一节课：

这是一节合唱课，如何让学生理解并唱好“薄薄的雾，淡淡的烟”这一句，刘教师随手从裤兜里摸出一条红纱巾往头上一搭，听课教师和学生都笑起来，因为一位男教师头上蒙纱巾，是多有趣的事。只听刘教师问学生：“我现在就是那山谷，你们能看见我吗？”

学生:"能!"

"真的能看见吗?"刘教师俏皮地问。

学生说:"不,看不见。"

"这种能看见又似乎看不见的朦胧"刘教师没说,因为三年级的学生也许还不能完全理解朦胧这个词。

"来,看着我,我就是那静悄悄的山谷。"刘教师说。

学生歌声起:"薄薄的雾,淡淡的烟,飘呀飘得高……"原本生涩的歌声圆润起来。

刘老师随着学生的演唱,头戴纱巾,翩翩起舞。学生的歌声也随刘老师富有情趣地引导越来越动听,台下上千位听课教师也随着刘老师一道情不自禁地动情歌唱起来。

这是什么? 这就是诗意。

2.结缘分享式教学

第一次接触到分享式教学(分享式教学创始人:任景业,著有《分享孩子的智慧》《关注思维的细节》等系列丛书)是2012年的秋天,那次我校与成都一所小学结盟手拉手友好学校,到校后听了四节课,两节数学,一节语文,一节美术。课堂上,师生角色完全被颠覆,整个课堂都是学生自己在学习,相互在分享,教师极少干预,多数时候教师是在观察,就是学生需要教师帮助时教师都不一定即刻帮助,而是鼓励学生思考再思考,或者鼓励他们与同学一道寻求答案。因此,整个课堂似乎都是学生的,他们各自认真聆听、思考、质疑,或者给予同伴鼓励……学生参与主动性、积极性完全是我不曾预想的。当时留给我的印象就三个字:活、真、实!

"活"就是课堂十分活跃,这个活跃不是表面上你说我说热闹而已,而是学生的内心被完全激活,你能随时听到学生精彩的发言;你能随时感受到学生因分享而碰撞出的智慧火花。课堂上没有寂寞的"发呆先生",只有快乐的思考者、辩论者。

"真"是每个学生都真正参与其中,每一个问题都是学生在课堂自学中发现的真问题,讲的都是他们思考后的真话,没有作秀表演的成分,学生真实地说出自己的理解,表露自己对问题理解的深浅或者不足。

“实”是学生们实实在在参与其中，他们共同制定自学方案，分配各自的学习任务，在组内人人分享所学所得，在班级中有计划、有重点地介绍自己学习的收获，同时帮助同学解决实际问题。

我当时就想，数学课上成这样好像是可以的，因为数学原本逻辑性强，就应是推理、演绎、理解的学科，语文与美术课也能上成这样吗？后来听了语文和美术课，发现和数学课一样精彩。

看了这样的课堂，我好像开始悟到点什么，那就是“顺应人的
导学生“在无师的状态下学习”。

有人问分享式教学的创始人任景业：分享式教学到底该让学
给了个很有意思的回答：“想想我们自己平时是怎样学习的，我们怎
生怎么学。”他说：“……教师先要在头脑中思考清楚无师的学习环境，　把这个没有教师时的目标立起来，明亮起来。教师只需做到：理解、认可、欣赏、微笑、轻声、躬身、常问。”

“理解、认可、欣赏”这是对学生的尊重，一种高尚的人品和教育的聪慧。“微笑、轻声、躬身、常问”这是教师的形象，是对学生的鼓励、认可、引领，一种智慧的谦卑。

多有意思的两句话！

由此想到由德国传入中国的奥尔夫音乐教学法，奥尔夫音乐教学法的核心理念即为“诉诸感性，回归人本”，通过语言、歌唱（含乐器演奏）、舞蹈等形式自然地流露，激发人原本固有的能力，音乐教育即是启发和提升这种本能的表现力，这与分享式教学法“顺应人的天性设教”“在无师的状态下学习”何其相似，看来，好的东西一定有其共通的点。

本能的学习是符合人天性的，如果能在“无师”的状态下学习，学生更不会有担心“学不会”而挨训或丢面子的精神负担，会得到各种不同程度的满足感，萌发无限的创造力。教师在这样的教学过程中，必然是“隐身”的引导者、诱导者和参与者。

自己的课堂比较难放手的不是欣赏教学，而是学生歌唱读谱这一环节（也就是我们常说的识谱教学）。这看似简单但离开教师却难开展的一个教学活动常常是在教师的带领下完成的，比如随钢琴伴奏演唱、随教师节奏引领识读、提炼重复乐句或简单句式通过声势带动演唱等。实在把握不准的节奏和音高在教师的歌唱示范或钢琴弹奏后模唱几次学生也能完成。经过几年的学习，学生

音准与节奏的把握还是很强的，一首歌曲的乐谱学生基本能在钢琴的伴奏下或者教师的速度把控中集体完成，如果离开伴奏，离开教师速度的把控学生还能做到这样吗，我想利用一节课采用分享式教学法完全放手试试，看看学生们的读谱能力到底怎样，他们是否真的掌握了学习的方法。

上课班级是五年级1班，选择的教学内容是五年级上期最后一个单元，歌曲叫《堆雪人》。这是一首四四拍的二声部合唱曲，两个乐段，这节课准备以演唱歌曲旋律为载体，用分享式教学法引导学生独立完成学习任务。

那么到底怎么上？

课前做了这样的思考：一是用钢琴进行帮助，学生随钢琴伴奏识读乐谱，按照平常的经验，一般还是较为轻松的，在教师琴声的引领下应该几分钟便可以完成得很好。两个声部的合唱音准如果要做到完美，会有些难度，特别是歌曲最后一个乐句，如果按节奏和音准都完美的标准来看，多数学生还是会出现一些问题的。遇到问题解决问题，问题让学生自己发现，自己探索，然后共同探讨、分享，再自己解决，想必也一定精彩，因为他们平时已有乐于分享的习惯了，敢说、敢表达，能思考，敢质疑，乐于当小教师。

但想到“放手”二字，心里又有了第二个思考：既然学生已有一定的读谱能力，何不全部放手，教师的钢琴伴奏也不要了，看看在没有教师帮助的情况下学生会怎么学习。

关于识读乐谱，学生曾经总结过一些很有效的方法，比如搭楼梯（视唱音阶找音高）、画旋律线、柯达伊手势、走着唱（控制速度）、编创声势做辅助、两人配合找和声等。这些方法完全可以用于学生自己解决问题，能自己解决问题了，再做分享学习应该是很容易的。因此，这节课准备完全放手，教师靠边，让学生自己来学。

经过反复思考，备课时，我还是在这首歌曲的曲名旁写了这样两句话，算是这节课的备课笔记。

学生：问题自己发现，方法自己寻找，合作探讨，分享共学。

教师：少言多发现，微笑多倾听，适时引导。

从哪里切入呢，歌曲最后一个乐句是难点，特别是后半拍和休止符，对于学生来说有一定难度，因此，不如就从节奏入手开始。因为节奏掌握了，便搭起了音乐的骨架，再唱旋律便不成问题。

歌曲最后一个乐句的节奏是这样的：

“$\frac{4}{4}$ X· X X X | X - 0X XX | X 0 X0 X0 | X 0 0 0 ‖”

我把节奏写在了黑板上，并说了这样一句话：“请大家看黑板上的节奏，自己练一练，五分钟内完成，开始吧。”

约三四分钟时间，学生依次停止了练习。

我问他们：“会了？”

大家异口同声回答：“会了！”

心中暗喜，想：真棒！一会儿就学会了。于是说道：“真的？”

第一个主动来分享的是廖同学，他能主动分享很为他高兴，因为他在音乐的学习方面平时算是慢些的。可一听，第一个附点节奏就错了，接着后面节奏都是混乱的。

我问：“谁能帮帮他？”

好几个学生都站起来，平时发言多些的那几个同学很自觉地把机会让给了一个平时不怎么善于表达的女同学。她走上讲台，很自信地把节奏示演示了一遍，可“0X XX”这个节奏依然错误。错在速度上，她把这一节奏突然放慢了速度，把两拍变成了四拍：“0 X X X”。

其他同学发现问题了，站起来指出问题，其中一个平时不怎么主动发言的同学站起来了，我想请其他同学给他机会，让他来，可平时发言特别积极的于佳涵同学抢了先，第一个跑到讲台前面指出了问题。顺水推舟，我示意他把自己的理解给给大家说说，他很认真地带大家做了一次。

可是，并非教师想象那么准确，他的节奏也有问题，问题出在最简单的一个地方：四分休止符。也就是这一小节：“X [0] X0 X0”，他把四分休止变成了一拍，说成“X - X0 X0”。

我想，他一定是过于激动，粗心大意，鼓励他再做一次，可依然如此。

看来不是粗心了，而是对此休止符的把握真不准，为什么不准，原因也在速度，没有稳定的速度，自然容易过快或过慢，他把一拍唱成两拍，自然占了休止的时值，休止符只好“牺牲了”。

为了让大家找到稳定的速度，班上平时乐感最好的何乐颜上台了，我想，这次必定完全正确了吧？结果，她在节奏的流畅表达上也卡了壳，反复三次才完全正确。

我开始有些急了，准备用鼓点帮他们，但一想，这不又回到过去的教学习惯了吗？于是放下鼓槌。看同学们都想来展示，于是说："分组互学吧，大家互相帮帮。"

同学们开始分组学习，这时有学生主动走到鼓前，用鼓声带大家练习，其中一个组的同学开始站起来，在组长的带领下边走边用声势进行体验，过去教师曾教过的方法，曾实践过的做法开始用上了，几分钟后，学生用表情告诉我：会了！

他们再次分享，这次的分享明显好于第一次。于是，继续推进，开始这一乐句旋律的学习，没想到问题还是出现在四分休止的地方。我没讲问题，而是微笑地看着他们，有几个学生开始站起来说出问题了，他们主动给其他同学示范演唱，其他学生很快在同学的帮助下唱正确了。

接着是两个声部的合唱，同样采用学生自己发现问题、自己解决问题的办法来实践，一节课时间，学生全部都动起来，这个动不仅是身体的动而是心灵的动，他们用心找问题，想办法，找同学分享。仅是一个乐段的旋律学习就用了一节课的时间，这是我没有想到的。但相信这样的学习，一定是触动学生内心的。

课后通过视频回放认真看了自己的课，发现许多值得思索的问题。

第一是教师只有真放手，学生才会真明白。表面的热闹与一起呈现时的准确往往掩盖了许多意想不到的问题，这节课的放手，让我看到了学生的真实水平，教学中的不足完全呈现出来。

平时在教师的带领下，学生所有的学习都很流畅，方法似乎也很多，为什么教师一放手，方法没了，学习难了，或者说学生知道这些方法，在教师的带领下也会，但离开教师却不会了？如节奏练习时，学生只用了拍手，并且是没有速度控制的随意击掌，因此，完成起来难。这时完全可以用上平时的方法，比如划拍、走拍、声势等来帮助练习。仔细观察了同学们第一次自学，平时所学的方法几乎都没有用到，只是到了课的最后，学生才开始醒悟，才开始自觉启用，如果我们在平时的教学中能多放手，多让位给学生，让学生自己先来学，自己发现问题、自己解决问题，想必这节课的进度一定不会推进得这样艰难。

在回看课堂时，脑海中突然有一种幻觉：一群婴孩在地面爬行。这节课留给自己的感觉就有些如此。其实这些学生已到了完全能够"走路"（独立完成）

的学段，今天这节课一放手，他们却回到了不能走路的婴孩时代，心中愧疚啊。

这节课磕磕碰碰只学了一段旋律，虽然用时不少，但这样的学习相信学生是难忘并且记忆深刻的，相信今后的课只要大胆放手，智慧放手，他们就一定会真正站起来，而不是通过教师这根拐杖来站立。

第二是教师的课堂语言直接关系到学生学的效率和质量。教师的语言直接影响学生的思维，指向学习的目标。这节课自我感觉比较好的方面是教师课堂上的话少了，都是以“你有什么想法？”“你发现问题了吗？”“谁来帮帮他？”这些鼓励学生主动参与的语言来激发学生参与；但课后通过录像，也发现了很多需要改进的地方，如说话语速较快，导致个别环节表述不清，如一开始让学生练习节奏，听到的却是“请大家拍拍黑板上的这个节奏”，后面一句话听了几次都没听清，然后是“自己练习”，学生听到的应该只有“拍拍黑板上这个节奏……自己练习”这两句话，因此才会有学生只是用手拍节奏的单一练习。因为教师的语言指向就是拍，那自然学生只用手而不是其他方法了。

在语言表述上也有词不达意的现象，如当学生很快完成曲调的演唱后，教师本想说的话是“你们很棒，这么难的旋律都能唱。”，但说出的话却成了责备的语言：“老师让你们拍节奏时为什么有困难？”再如当学生都独自完成节奏的练习，教师问学生“都会了吗？”学生回答说“会了！”时，原本想表达的是鼓励的话，但听到却是“真的啊？”完全是不信任的腔调。

陶行知先生有句耳熟能详的话：“智者问得巧，愚者问得笨。”，教师课堂语言的背后隐含的绝不仅仅是这句话的本意，它背后支撑的是一个人的理念以及文化涵养。

第三是真放手才会真“达标”。

关于识读乐谱，《课标》上是这样写的：

“3—6年级：结合所学歌曲认识音名、音符、休止符及一些常用的音乐记号，能够跟随琴声视唱简单乐谱，具有初步的识谱能力。”

请关注画线的这两句话：“能够跟随琴声视唱简单乐谱，具有初步的识谱能力。”我们一般把《课标》中的这两句话合并为一个意思：能随琴声视唱简单乐谱就算具有初步的识谱能力了。

其实，理解不完全准确，这完全是两个不同层次的目标：“随琴声视唱简单乐谱”是学生在教师帮助下的学习，“具有初步的识谱能力”指的是自我独立的学习，要关注最后一句话。

随琴声视唱简单乐谱指向“学会”,具有初步的识谱能力指向“会学”,“学会”与“会学”是完全不同的两个概念,教育的目的如果不是让学生到达“会学”这个目标,那注定是失败的。因此,放手才能真达标。

第四是唯有建立良好的规则,教学的发生才会真正实现。

在实践分享式教学的过程中,我发现很重要的一个环节是规则的建立,顺应学生的天性设教不是没有规则,无师状态下的学习更要有规则,要真正顺应学生的天性,还得让学生懂得如何做,如何遵循规则主动去寻食。

就拿“课堂不用举手,主动分享”来说,最开始学生很不习惯,因为音乐课每周只有两节,这里规则刚刚建立,其他学科不同的课堂规则很快就把学生拉了回去,为了解决这个问题,曾和其他学科教师达成规则一致的共识。但随着实践的推进,各自理念的不同,实践起来还是摇摆不定。

为了帮助学生建立规则意识,每学期开学的第一课就是学规则或者重温规则、修改规则的关键一课(此内容第一章第一节“备好开学第一课”已有谈到)这是不容忽视的。

在实践探索的过程中,会遇到越来越多需要规范的行为,比如自由合作,有的学生一激动起来就乱歌乱舞,你拥我挤。有的是真激动;有的是故意捣乱;有的是真不知怎么做。学生听到音乐就散开或离开座位自由参与时,有的学生一般喜欢跑到自己平时爱一起玩的同学身边,用手去抱住同学,用身体去挤其他同学;有的喜欢挤到一堆,你打我闹;有的学生为了让自己的位置更舒适,跑前跑后,不停调整位置,音乐开始了还没找到喜欢的位置。

为了让学生真正参与到音乐中去,不因这些习惯影响到学习的效果,就得和学生商量制定规则了,大家出主意,想办法,总比教师一人说了算好,因是学生自己定的规则,他们会更认可。比如,自由活动时:学生快速无声找位置,迅速找到自己的空间,身体不相碰,“花儿”不乱移(即找到位置不随意调整)。

规则建立起来落实下去了,成了学生的习惯,教学活动自然是另一番景象,这个景象就是课堂是学生的、参与是主动有规则的、歌声是真诚的、聆听是有思想的、笑声是发自肺腑的、学习是灵动的。

“问题、思考、分享”这是分享式教学的三个基本单元(见图6-2),这看似简单的教学组织基本单元也是一个教师教育成长的三要素:问题(善于发现问题)→思考(思考并积极解决这些问题)→分享(把所思所实践通过语言或文字记录及其他方式与人交流)→问题(再次发现问题)→思考(再次思考)→分享(再次分享)……这样层层叠升,不断向上,一个人思想的成熟、教育教学的成熟也在这转动中上到一个新的台阶。

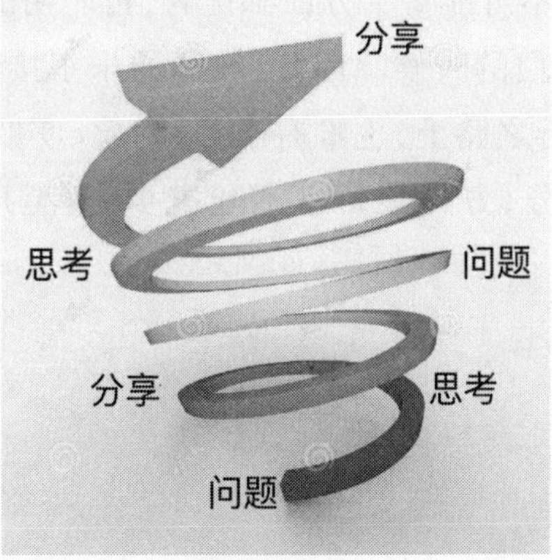

图6-2

因为问题而思考,因为思考有分享,因为分享触动反思,因为反思激励自己再实践……以此推动自己不断前行。

借鉴一个新的教育理念或方法,首先要先弄清一个问题:为什么借鉴?

是领导意愿、上级要求、自己面子所需？还是顺应人的成长、时代发展、能充分激发学生思维和创新潜能？如果是后者,就做,若是前者,建议放弃。

怎么借鉴与实践呢？是一席之言,片面理解？还是深入了解其思想内涵,找到借鉴的价值和适合自己的方法？当然是后面。

在教育改革的实践之路上,我曾写过这样一段话鼓励自己:

一个人,别让头衔遮蔽自己的双眼;
别让年龄成为阻挡自己进步的绊脚石;
更别让虚荣牵绊自己前行的脚步。
学习与变革什么时候都不晚,什么时候都有价值。
探索的路上且行且思,
实践与思考的智慧小花会盛开在道路两旁,
让后者脚步轻盈。

不讲，需要智慧，这些智慧来源于问题的产生，来源于与其他学术思想的碰撞。因为人都是有这样那样缺点的，比如认识上的、性格上的、思维模式上的……，再优秀的人也不可能每个方面都优秀，再聪明的人也有想不到的地方、看不到的地方、弄不明白的时候。因此，教师的乐于接纳和反思精神决定着课堂质量的高低。在前行之路上，也唯有学习、借鉴、实践、总结，再从本国、本地的文化历史中汲取养分，方可让自己不断进步，直至形成自己的教学风格和特色。

后　记

自媒体时代,出书真的是一件费力并不一定讨好的事儿。现实的"忙碌"生活已让人们难静下心来读完一篇上万字的文章,何况一本书。短小的文字是可以读的,不好,看一眼便可离开。因此,写书人也更乐意浓缩要说的话,把长篇的文字裁剪为小方块,或者制成音频,以满足人们不断增长的快餐式文化需求……现实真的有那么忙碌?也许是,也许不是。不过现实太多的诱惑已让人们的心真的难静下来。因此是否出这本书,我犹豫了好些年:如果此书大家不愿读,那不就是一堆废纸?何必浪费宝贵的纸张!

这些年和年轻的同行们有了更多的接触,我们探讨常规音乐课堂,互相听课说课,研究教法、学法。在这个过程中,发现这些教师对工作用心,也很好学,专业水平也挺高,但他们对音乐教育教学中的有些细节关注不够,对各学段的教学目标、知识架构有些混沌,如何把一些优秀的教法用于普通的音乐课堂也深感困惑。因此他们说:"一想到上课很多时候是不开心的,愿意利用课余时间教特长生,愿意组织学校的社团参加各种比赛,也不愿多上一节普通的音乐课。"

看着他们的困惑,我再次萌生了出这本书的念头。虽然自己在音乐教育的这条路上依然还是个探索者,但如果把自己探索的心路历程毫无保留地呈现出来,让大家看,让大家评,也许会对年轻的音乐教师有一些帮助。因为他们的困惑也曾是我的困惑(当然现在依然还有),但一路走来,为什么我越来越喜欢走进音乐教室,孩子们也越来越喜欢走进我的课堂,这些文字记载的就是这一路的做法和思考。我怎么做的、怎么想的、就怎么写的,写下的这些文字,就成了我今天的这本书。

我很喜欢王占伟记者说的这段话:教育的本质不是让我们顺从、屈服和跟随,而是让我们发自内心去突破、超越和创造。把此书定名为《做一名幸福的音乐教师》源于对自己的鞭策和激励,因为幸福来源于自己对任教学科的自尊,来源于不断超越自我的探究和实践。

此书的出版，要特别感谢四位老师，他们分别是谢嘉幸教授、任景业老师、李存老师、曹安玉老师。他们都是对我的教育教学工作有过帮助和指导的导师，当听说我准备整理自己的教学随笔成书，他们非常高兴在百忙中抽出宝贵时间为此书作序留言，感谢他们的鼓励！

如何做好课堂管理、如何分析处理教材、如何备课、候课、如何借鉴先进的教育教学经验并切实运用到课堂之中去……这些都是学问，并且是不小的学问。音乐教师只有在教育教学中把这些问题像阳老师一样当学问做，才会享受到真正的教育幸福！这是一本很实用的好书，中小学音乐教师一定要读，特别是刚入职的音乐教师更要读。

——李存（教育部艺术教育委员会委员，原北京市第八中学音乐特级教师）

爱教育，拥有一颗智慧的爱心，就会享受教育带给自己的幸福，愿所有的音乐教师都能像阳老师一样“做一名幸福的音乐教师”，希望更多的老师能读到此书。

——曹安玉（四川省特级教师，原四川省音乐教研员）

感谢眉山市教育以及眉山市第一小学这块沃土，市教育体育局领导以及学校两任校长都是热爱教育，富有思想的实干家。正因良好的育人氛围、研究氛围、学习氛围，才让我在教育的路上有了认真的实践和积极的思索。特别是徐长华校长，此书的第一、二、六章，他提出了许多宝贵的修改意见。

感谢学校美术老师张世军、刘晓丽为此书做插图。感谢眉山市第一小学2014级2班杨乐婷同学为第四章做的动作示范。

特别要感谢西南师范大学出版社的领导和编辑，对此书的支持，没有他们，这本书也许很难和大家见面。

阳海蓉

2021年2月